Juan Cortés

LE DECALOGUE DU DEVELOPPEMENT PERSONNEL

DIX PRINCIPES POUR REPRENDRE LA RESPONSABILITE DE SA VIE

Juan Cortés

PLD PUBLISHING

Le décalogue du développement personnel

Dix principes pour reprendre la responsabilité de sa vie

Première édition : février 2026

ISBN : 978-3-949762-44-4

Pour des raisons de lisibilité, le genre masculin est utilisé dans cet ouvrage. Il s'applique toutefois à toute personne, indépendamment de son sexe ou de son identité de genre.

PLD Publishing

საქართველო, თბილისი,
ნადიკვარის III ქშჩაქ, N 15
15, rue Nadikvari III TBILISSI GÉORGIE

Sommaire

PARTIE I – COMPRENDRE ET SE POSITIONNER

Clarifier ton point de départ et ta manière de voir le monde

Introduction

Félicitations pour avoir fait le choix de parier sur toi-même et de vouloir avancer et améliorer ta vie. Cela m'indique que tu ne veux pas simplement regarder la vie passer et te laisser porter, mais bien prendre les rênes, en assumer le contrôle et la responsabilité. Ce livre a pour ambition de t'aider dans cette mission et d'être ton fidèle compagnon, en t'apportant l'inspiration, le sens et les outils nécessaires pour devenir, pas à pas, une personne plus confiante, plus responsable et plus intègre.

Dans cette introduction, je souhaite que tu comprennes dès le départ et sans plus attendre :

- ce que ce livre va t'apporter ;
- et à qui il s'adresse (et à qui il ne s'adresse pas, en toute franchise).

Avec ce livre, cher lecteur, je souhaite t'offrir un cadre de référence — non pas un cadre normatif et rigide, mais ma proposition d'amélioration personnelle, dans laquelle je partage mes expériences et mes valeurs — qui te motive, te donne confiance et t'apporte des outils pour passer à l'action. Un guide utile, fondé sur des principes clairs, afin que le hasard ne soit pas celui qui dicte la vie que tu mèneras, mais toi, et toi seul. Ce n'est pas un livre qui propose des formules magiques ou ésotériques, ni qui invoque l'alignement des planètes comme recette du succès. Pas de magie : seulement du réalisme pur et du pragmatisme.

Ce livre s'adresse à toi si :

- ✓ tu es disposé à réfléchir sur ta vie et ouvert à la découverte d'autres perspectives et valeurs ;

- ✓ tu es non-conformiste et tu souhaites changer ta situation personnelle et professionnelle ;
- ✓ tu veux mieux comprendre le monde qui nous entoure et les personnes qui ont une mentalité différente ;
- ✓ tu te sens bloqué et tu as besoin de motivation pour voir des opportunités que tu ne percevais pas auparavant.

Si tu t'es reconnu dans ces lignes, je suis convaincu que ce livre peut devenir ton fidèle allié et te donner l'élan nécessaire pour voir ce que tu peux faire afin de devenir une personne plus responsable et plus heureuse.

En revanche, ce livre ne t'aidera sans doute pas autant si :

- × tu considères que tu sais déjà tout sur la vie et que personne ne peut t'apporter une autre vision ;
- × tu estimes que la responsabilité de ta vie doit incomber aux autres et non à toi-même ;
- × tu refuses le changement, qu'il s'agisse d'étudier une idée nouvelle, une valeur ou un outil ;
- × tu crois qu'avoir plus d'argent serait la solution automatique à ce qui ne fonctionne pas dans ta vie.

Même si tu pouvais correspondre à ce second profil, je souhaite néanmoins te tendre la main — d'autant plus fermement — et te demander de te donner l'opportunité de faire un exercice d'introspection en lisant cet ouvrage, et de t'ouvrir au moins à la compréhension d'autres points de vue susceptibles de t'enrichir. Je suis certain que cela en vaudra la peine.

Permets-moi à présent de te parler de moi, afin que tu comprennes mon parcours, ce que je peux t'apporter et pourquoi j'ai décidé d'écrire ce livre.

Après plusieurs années d'activité professionnelle comme ingénieur, je me sentais frustré, peu valorisé et véritablement stressé, sans autre envie que de déconnecter et d'attendre l'arrivée du week-end pour pouvoir en profiter. Dans mon entourage, j'entendais qu'il fallait être reconnaissant d'avoir un emploi compte tenu de la difficulté du marché du travail, et qu'il fallait accepter les choses telles qu'elles étaient. Pourtant, je voyais bien que je n'avais pas le contrôle de ma vie et, malgré ma volonté de progresser professionnellement, je me suis retrouvé sans emploi et, pendant plusieurs mois, je ne voyais aucun avenir prometteur. J'ai alors rassemblé mon courage et décidé de quitter mon Espagne natale en 2015. Ma situation professionnelle s'est améliorée, mais je ne me sentais toujours pas épanoui. Avec le temps, j'ai eu la chance de rencontrer d'autres personnes tout aussi non-conformistes que moi et j'ai appris qu'il n'existe pas une seule façon de vivre.

J'ai décidé d'entreprendre en parallèle de mon travail, en trouvant du temps là où il n'y en avait pas. J'ai commencé par une activité qui me passionne et qui m'accompagne encore aujourd'hui : l'écriture. Depuis ce lointain 2019, année où j'ai écrit mon premier livre, jusqu'à ces lignes que je partage avec toi, j'ai dû parcourir un chemin loin d'être pavé de roses pour devenir la version de moi-même la plus alignée avec mes valeurs et mes passions. Au cours de ce long parcours, j'ai appris et pris des décisions difficiles. J'ai connu des échecs et des réussites. Passionné par le développement personnel, et après avoir appris des autres comme de mes propres choix, j'ai voulu partager mon message avec toi afin d'inspirer celles et ceux qui souhaitent, eux aussi, devenir progressivement plus heureux et mener une vie plus épanouie.

Je partage ce message parce que je crois fermement que nous pouvons toujours apprendre des autres, indépendamment de leur parcours de vie, aussi terne puisse-t-il paraître. J'aime écouter les autres, car je peux apprendre de leurs réussites comme de leurs échecs, et décider ce que je garde et ce que je laisse. Dans ce manuscrit, je souhaite que tu fasses de même.

Personne ne naît en sachant tout ; nous suivons tous un chemin et avons quelque chose à apporter au monde. C'est pourquoi je souhaite également laisser mon empreinte à travers les mots incarnés dans ce livre. À travers le pouvoir des mots, j'aspire à apporter ma petite pierre pour faire du monde un endroit, au moins, un peu meilleur.

En tant qu'auteur, je ne prétends pas me positionner comme un gourou du développement personnel, mais plutôt comme quelqu'un qui partage son expérience et cherche à encourager d'autres personnes à trouver l'inspiration et des idées à mettre en pratique dans leur vie.

Pourquoi le développement personnel est-il si important ?

Nous ne pouvons pas nous aventurer dans le monde du développement personnel sans en définir au préalable le sens.

Le développement personnel est un domaine de connaissance centré sur l'amélioration de l'individu et le dépassement de soi. Si tu deviens un véritable étudiant de cette discipline, tu adopteras progressivement de nouvelles façons de penser qui pourront te conduire à une meilleure qualité de vie et à davantage de bonheur.

Ce champ d'étude a existé tout au long de l'histoire de l'humanité. De grands philosophes classiques tels qu'Aristote, Socrate ou Confucius, ainsi que des auteurs contemporains comme Tim Ferriss, Robin Sharma ou Tony Robbins, parmi d'autres, ont servi d'inspiration et d'exemple à de nombreuses personnes, qui ont ainsi connu un véritable changement de vie. Dans cet ouvrage, je te propose le cadre mental nécessaire ainsi que des outils pour que tu entreprennes le chemin vers une amélioration globale de ta vie.

Chacun, indépendamment de sa profession, de son état émotionnel ou de sa situation personnelle, peut aspirer à devenir meilleur chaque jour. C'est pourquoi ce domaine suscite un grand intérêt et revêt une importance essentielle. Ce chemin passionnant te donnera l'élan nécessaire pour ouvrir de nouveaux horizons, saisir de nouvelles opportunités et atteindre le succès. De plus, il t'aidera à devenir un meilleur professionnel et surtout — ce qui est le plus important — une meilleure personne, dotée d'une identité affirmée et de valeurs fortes.

Le point de départ sur cette voie du dépassement de soi, de l'optimisation et de l'atteinte d'objectifs nouveaux et stimulants est ta mentalité, ou, comme on l'appelle dans le monde anglo-saxon — terme que j'emploierai régulièrement — ton *mindset*. Le *mindset* peut être compris comme l'ensemble des croyances, des visions et des attitudes d'un individu vis-à-vis de lui-même et de l'environnement qui l'entoure. Dans les prémices de cet ouvrage, nous devons entraîner et travailler ta mentalité, mais aussi comprendre la manière de penser des autres personnes avec lesquelles nous cohabitons.

Disposer de la mentalité adéquate t'ouvrira des portes jusqu'alors inconnues et te permettra de voir des opportunités que d'autres ne perçoivent pas et qui étaient auparavant invisibles pour toi. Elle t'apportera cette clarté et cette lucidité nécessaires pour discerner le chemin à suivre, identifier les nouvelles étapes à franchir pour aller plus loin et te rapprocher progressivement de tes grands objectifs de vie. Elle t'aidera également à comprendre quel est ton rôle dans la vie et la place que tu occupes, tant au sein de la société que dans ton cercle familial et amical, afin de contribuer à leur progression.

Mais tout ne repose pas uniquement sur la mentalité. À un moment donné, il est indispensable de passer à l'action et d'adopter de nouvelles habitudes et de nouvelles croyances ayant un impact réel sur notre vie et sur celle des personnes qui nous entourent.

Types d'état d'esprit

Maintenant que je t'ai présenté le concept d'état d'esprit, ou *mindset*, il est temps d'aborder l'un des sujets centraux du développement personnel : les différents types de mindset. On peut généralement classer les individus dans l'une des trois catégories suivantes : le mindset de rareté, le mindset de sécurité et le mindset d'abondance.

! Mais avant d'aborder ce sujet, il est nécessaire de faire une petite parenthèse, car il est assez sensible et parfois controversé. Dans cet ouvrage, il ne s'agit ni de juger ni de tourner en dérision les personnes ayant un *mindset* de rareté ou de sécurité, mais simplement d'expliquer ces profils de manière objective afin que tu puisses les reconnaître. La société et l'environnement dans lesquels nous grandissons façonnent notre système de croyances qui peut nous enfermer dans l'un des deux premiers profils. La bonne nouvelle, c'est que même si tel était ton cas, tu peux t'en sortir si tu le décides : continue à lire !

Mindset de rareté

(aussi appelé mentalité pauvre, fixe ou immuable)

Comment se caractérisent ces personnes ?

• Elles adoptent une vision pessimiste de la vie et confient leur destin à des facteurs externes tels que la chance, la loterie, l'horoscope ou les circonstances.

• Elles sont conformistes et, par conséquent, nourrissent rarement de grandes aspirations ou des projets ambitieux.

• Elles recherchent la voie de la facilité, ce qui les conduit souvent à accumuler des difficultés à long terme.

• Elles voient systématiquement le verre à moitié vide.

• Elles ont tendance à attribuer leurs échecs aux autres (le gouvernement, les responsables politiques, la société, la famille), sans remise en question personnelle.

• Elles attendent des pouvoirs publics qu'ils résolvent leurs problèmes économiques et imputent leurs difficultés financières aux décisions politiques.

• Elles espèrent que quelqu'un d'autre réglera leurs problèmes et peinent à assumer pleinement leurs responsabilités.

• Leur plus grand rêve est souvent de gagner au loto afin de sortir de l'impasse financière et d'effacer leurs dettes, alors même que nombre de ces « nouveaux riches » se retrouvent rapidement en difficulté faute de planification.

• Elles travaillent principalement pour l'argent, et non avec une vision à long terme.

• Elles entretiennent une perception négative du monde et diffusent volontiers cet état d'esprit autour d'elles, cherchant parfois à rallier d'autres personnes à leur frustration.

Comment les identifier ?

Le langage constitue un excellent indicateur. La manière dont une personne s'exprime révèle souvent sa façon de penser. Les individus à mentalité de rareté se reconnaissent notamment à l'usage fréquent de formules justificatives, en particulier l'expression **« c'est que... »**. Ils auront tendance à trouver des inconvénients ou des objections à toute proposition de changement, ou à justifier l'inaction (lorsqu'il n'existe pas de problème réel et justifiable, ils cherchent alors une excuse afin de sauver les apparences).

Exemples courants :

" Oui, je sais que je n'ai pas fait la vaisselle hier soir... **c'est que** j'étais vraiment fatigué après une longue journée de travail."

" Désolé d'arriver avec une heure de retard. **C'est que** le trafic était terrible, tu sais ? "

(*Parfois, lorsqu'ils ne se présentent même pas, ils invoquent une excuse vague, comme une maladie soudaine ou une urgence familiale*).

Ces personnes ne correspondent généralement pas au type d'entourage dont tu as besoin sur un chemin d'amélioration personnelle. Sans intention malveillante, elles risquent néanmoins de freiner ta progression en projetant leurs peurs et leurs limites sur toi. Il est donc souvent préférable de limiter les échanges avec elles, ou à tout le moins de garder une certaine distance.

Mindset de sécurité

(aussi appelé mentalité de la zone de confort ou de la commodité)

Comment se caractérisent ces personnes ?

- Elles sont souvent reconnaissables à une conviction bien ancrée, résumée par cette idée centrale :

« Il faut travailler dur pour gagner de l'argent. »

- Elles suivent un parcours traditionnel vers la réussite professionnelle et financière : obtenir de bons résultats scolaires, intégrer l'université, choisir une formation offrant de bonnes perspectives, puis tenter d'entrer dans une grande entreprise capable de leur assurer une certaine stabilité.
- Elles aspirent à un poste sûr, leur permettant d'épargner, de préparer l'avenir et de profiter du peu de temps libre dont elles disposent, tout en se constituant un coussin financier pour la retraite.
- Elles privilégient la stabilité et se montrent généralement averses au risque et à l'inconfort.
- Elles craignent l'erreur et l'échec, préférant s'en tenir à ce qu'elles connaissent afin de limiter les imprévus.
- Elles dépendent presque exclusivement de leur salaire pour subvenir à leurs besoins, c'est-à-dire de revenus actifs.
- Leur idéal professionnel est souvent de devenir fonctionnaires.
- Elles planifient principalement à court terme.
- De manière générale, elles entretiennent une relation distante, voire méfiante, avec le monde de l'investissement.

Comment les identifier ?

Appelons-les les personnes du « **et si...** ». Lorsqu'on leur propose quelque chose de nouveau, leur premier réflexe consiste à analyser les risques et les obstacles avant d'envisager les opportunités. Par défaut, elles se montrent réticentes face à toute nouveauté.

Exemples :

Si tu leur proposes de pratiquer un sport extrême, elles répondront :

« Et si je me fais mal ? »

Si tu leur suggères d'investir en bourse, elles diront :

« Et si une crise survient et que je perds toutes mes économies ? »

⚠ Ces personnes ne faciliteront généralement pas ton chemin vers le progrès personnel, car elles privilégient une vie calme et prévisible, sans expériences susceptibles de les pousser hors de leur zone de confort. Si ce concept t'est encore peu familier, rassure-toi : je le développerai plus en détail dans la suite de cet ouvrage. Il n'y a rien de mal à vouloir rechercher la sécurité : c'est une décision tout à fait respectable et humaine. Mais si tu souhaites grandir, tu dois adopter d'autres attitudes et croyances, que j'explique dans le *mindset* d'abondance.

Mindset d'abondance

(aussi appelé mentalité de richesse ou de croissance)

Comment se caractérisent ces personnes ?

• Elles sont orientées vers la recherche de solutions plutôt que vers les problèmes.

• Elles ont une perception globalement positive de la réalité et, face aux difficultés, cherchent activement des alternatives et des leviers d'action.

• Elles planifient leur vie sur le long terme, parfois sur plusieurs années, voire en pensant à l'impact de leurs décisions sur les générations futures.

• Elles se fixent des objectifs clairs et mesurables, alignés avec leurs buts, qu'ils soient quotidiens, hebdomadaires, mensuels, trimestriels ou annuels, et suivent leur progression dans le temps.

• Elles sont prêtes à fournir les efforts nécessaires pour atteindre leurs objectifs et font preuve de persévérance face aux obstacles.

• Elles pensent à grande échelle : elles investissent, collaborent avec d'autres, mobilisent des ressources externes et, dans certains cas, créent des entreprises.

• Elles ne travaillent pas uniquement pour l'argent, mais aussi pour apprendre, développer des compétences et acquérir de l'expérience. Leur objectif est, à terme, de faire en sorte que l'argent travaille pour elles, notamment par la création de revenus passifs.

• Elles apprennent auprès de personnes qui ont réussi avant elles et s'en inspirent, plutôt que de céder à la comparaison ou à l'envie.

• Elles comprennent que la réussite durable repose sur la création de valeur pour la société et que l'ampleur de la récompense est souvent proportionnelle à l'impact positif généré.

• Elles cherchent des mentors expérimentés ayant déjà atteint les objectifs qu'elles se fixent.

• Elles n'ont pas peur de l'échec, considèrent leurs erreurs comme des sources d'apprentissage et savent se relever après une difficulté.

• Elles se réjouissent sincèrement du succès des autres et comprennent que la réussite individuelle peut avoir un effet d'entraînement positif sur l'entourage.

• Elles cultivent une posture d'apprentissage continu et se considèrent comme des apprenantes tout au long de leur vie.

• Elles assument pleinement la responsabilité de leur trajectoire et évitent de se définir par des facteurs externes. Elles n'attendent pas que leur environnement ou les institutions agissent à leur place, mais cherchent à garder le contrôle de leurs décisions.

• Elles perçoivent des opportunités là où d'autres se concentrent principalement sur les risques.

Comment les identifier ?

Tu les entendras souvent s'exprimer dans une logique d'action et d'engagement, en utilisant des formulations telles que : *« Je vais… », « Je ferai… », « Je trouverai une solution… »*.

Ce type de mindset constitue sans doute une source d'inspiration pertinente si ton objectif est de progresser en tant qu'individu. Et si tu te reconnais déjà dans une partie de ces caractéristiques, c'est un signal encourageant : continue à nourrir et à affiner cet état d'esprit.

Un point important à retenir

La mentalité riche ou pauvre n'est pas nécessairement corrélée à la situation financière réelle. Il existe des personnes disposant de peu de ressources matérielles mais animées par une mentalité d'abondance, comme celles qui ont tout perdu avant de reconstruire un véritable succès. À l'inverse, certaines personnes disposent de beaucoup d'argent tout en conservant une mentalité de rareté, notamment celles qui s'enrichissent par le biais de systèmes promettant de devenir riche du jour au lendemain (*get rich quick schemes*).

Pourquoi le mindset d'abondance est celui qui te permettra de prospérer

Prenons un exemple concret. Imaginons que tu sois entrepreneur ou que tu travailles dans les ressources humaines et que tu constitues une équipe pour mener à bien un projet ambitieux. Tu as face à toi deux candidats :

- Le premier adopte une attitude négative et ne semble pas disposé à s'investir davantage lorsque la charge de travail augmente.
- Le second s'exprime de manière constructive et cherche activement des solutions et des ressources pour surmonter les obstacles.

Lequel choisirais-tu ? Avec lequel préférerais-tu collaborer ? Il apparaît rapidement que le premier risque d'instaurer une dynamique défavorable et d'abandonner face aux difficultés, tandis que le second fait preuve d'engagement et de résilience.

Si tu souhaites évoluer vers une version plus accomplie de toi-même, il est essentiel de prêter attention à ton entourage proche. Comme le résume cette citation souvent attribuée à Jim Rohn :

« Nous sommes la moyenne des cinq personnes avec lesquelles nous passons le plus de temps. »

Notre environnement exerce une influence profonde sur nos attitudes, nos croyances et nos décisions. Les personnes à mentalité de rareté ont tendance à s'entourer d'individus partageant des schémas similaires, renforçant ainsi leurs convictions. Celles qui privilégient la sécurité se reconnaissent dans des profils ayant atteint la stabilité qu'elles recherchent et gravitent naturellement autour d'eux.

Si, en revanche, tu souhaites développer une mentalité d'abondance, il devient essentiel de fréquenter des personnes animées par cet état d'esprit. Elles te pousseront à avancer, comprendront tes ambitions et contribueront, d'une manière ou d'une autre, à ta progression.

Voici donc l'enseignement clé à retenir : **sois attentif aux personnes avec lesquelles tu choisis de t'associer.** Ton environnement influence profondément ta trajectoire de vie, et des choix conscients peuvent façonner ton avenir bien plus que tu ne l'imagines.

Cela ne signifie pas que tu doives rejeter qui que ce soit, bien au contraire. Il s'agit plutôt de décider consciemment du temps que tu consacres à chaque relation et des sujets que tu choisis d'aborder avec chacun, une fois que tu as identifié leur mindset dominant.

Le décalogue du développement personnel

Si tu souhaites devenir la meilleure version de toi-même, je te propose de suivre ce décalogue du développement personnel. Il s'agit de dix principes fondamentaux destinés à guider ton évolution et à structurer ton cheminement :

1. **Sois responsable de tes actes**
2. **Ton temps est précieux**
3. **Écoute ton intuition**
4. **Apprends de tes erreurs**
5. **N'oublie pas de sourire**
6. **Améliore la vie des autres**
7. **Prends soin de ton apparence**
8. **L'échec fait partie du succès**
9. **Trouve ta passion**
10. **N'abandonne jamais**

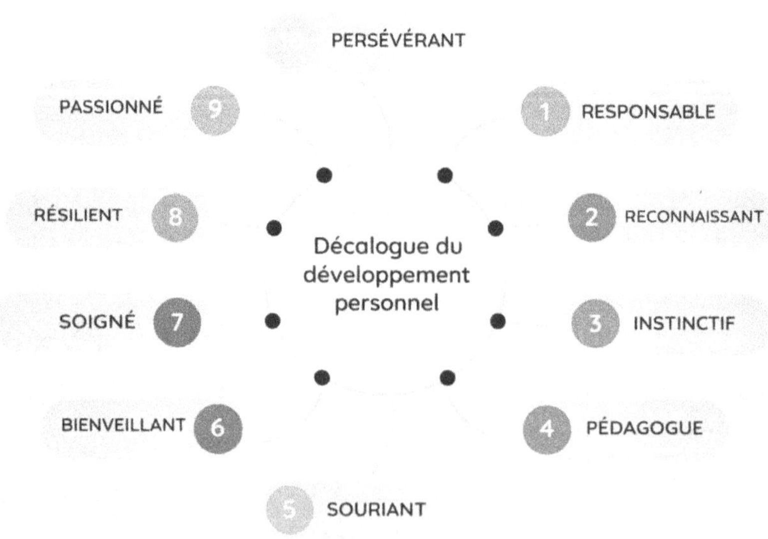

Décalogue du développement personnel

1. Sois responsable de tes actes

Je t'expliquais précédemment que la discipline est une qualité essentielle chez les personnes qui réussissent, et que la discipline repose avant tout sur le sens des responsabilités. Pour atteindre ton plein potentiel, tu dois reprendre le contrôle de ta vie, prendre les rênes et t'engager pleinement dans tout ce que tu entreprends.

Lorsque tes projets aboutissent, reconnais-le et sois-en fier. En revanche, lorsque les choses ne se déroulent pas comme prévu, évite de chercher des excuses. Analyse la situation avec lucidité et demande-toi ce que tu peux améliorer.

Prenons un exemple concret. Si tu diriges une entreprise et que tu délègues certaines tâches, garde toujours à l'esprit que le responsable final, c'est toi. Tu peux, bien entendu, demander des comptes à un collaborateur qui n'a pas répondu aux attentes, mais il t'appartient de fixer des directives claires, de fournir les moyens nécessaires et d'accompagner la personne dans l'exécution de sa mission. De la même manière, il relève aussi de ta responsabilité de prendre des décisions difficiles, comme changer d'organisation ou remplacer quelqu'un si ses valeurs ou son engagement ne correspondent pas à ce que la situation exige.

Ce principe s'applique également à ta situation financière. Si celle-ci ne te satisfait pas, il t'appartient d'en identifier les causes et de chercher des solutions. Cela peut passer par un investissement réfléchi, par l'acquisition de nouvelles compétences ou par une formation plus spécialisée afin d'évoluer professionnellement. Il peut aussi être nécessaire de revoir certaines dépenses avec honnêteté, de résilier des abonnements inutiles ou de renoncer à des charges qui pèsent sur ton budget sans réelle valeur ajoutée.

Parfois, la solution consiste à changer d'environnement : déménager dans une autre ville, voire dans un autre pays, afin d'accéder à des opportunités que ton cadre actuel ne permet pas.

Lorsque tu assumes pleinement la responsabilité de ce qui influence ta vie, sans te réfugier derrière des excuses et en te concentrant sur les solutions, ton identité se renforce. Tu gagnes en clarté, en cohérence et tu progresses naturellement en tant qu'individu.

En résumé, la qualité essentielle à cultiver est la suivante : être responsable.

2. Ton temps est précieux

S'il ne fallait retenir qu'un seul actif d'une valeur inestimable, ce serait sans aucun doute le temps. Le temps est la ressource la plus précieuse dont tu disposes tout au long de ta vie, quelles que soient tes circonstances personnelles.

Beaucoup affirment préférer l'argent, quitte à sacrifier leur temps. Cela explique pourquoi certaines personnes travaillent de très longues heures, parfois en cumulant plusieurs emplois. Si tu te reconnais dans cette situation, je t'invite à revaloriser ton temps au-dessus de tout, car personne ne le fera à ta place. Lorsque tu travailles pour quelqu'un d'autre, tu es rémunéré avant tout pour ton temps. Bien sûr, aussi pour tes compétences et ton savoir-faire, mais fondamentalement, tu échanges une partie de ton temps contre une rémunération, afin de contribuer aux objectifs d'une organisation.

Le temps de l'entrepreneur est lui aussi limité, tout comme le tien. C'est précisément pour cette raison que, pour développer son activité au-delà de ses propres limites, il doit apprendre à s'appuyer sur le temps d'autrui. Quelle que soit ton efficacité ou ton niveau de productivité, tu restes soumis à un cadre temporel, souvent compris entre 35 et 40 heures par semaine. Et une fois ce temps cédé, c'est autant de temps que tu ne consacres pas à tes propres aspirations.

Bien entendu, l'argent est indispensable pour vivre, et les contraintes personnelles doivent toujours être prises en compte. Il s'agit donc de trouver un équilibre. Je t'encourage à mettre en perspective l'argent et le temps, et à apprendre à utiliser ce dernier de manière consciente et intentionnelle. Le temps bien employé te permet de réfléchir à ce que tu veux réellement faire de ta vie, de tracer une direction claire pour concrétiser tes projets et de renforcer ton identité. J'ai moi-même choisi, à certains moments, de réduire mon temps de travail afin de dégager du temps pour mes projets personnels, et cela a été l'une des décisions les plus structurantes que j'aie prises ces dernières années.

Au final, quelle que soit la somme d'argent que l'on accumule, même la personne la plus riche du monde dispose exactement du même capital temps que toi. Le temps est une ressource limitée pour tous, tandis que l'argent peut, en théorie, croître sans limite. En revanche, la manière dont chacun gère son temps fait une différence considérable dans les résultats obtenus. Les personnes qui réussissent l'ont bien compris : conscientes que leur temps n'est pas infini, elles lui accordent une grande valeur et savent, lorsque cela est pertinent, utiliser le temps des autres pour se concentrer sur l'essentiel.

Chaque jour où tu te réveilles t'offre un nouveau cadeau : vingt-quatre heures. Vingt-quatre occasions de faire avancer ce qui compte pour toi, de renforcer ton identité et de travailler à ce qui donne du sens à ta vie. Chaque matin, ce compteur se réinitialise… sans que personne ne sache combien de fois encore il le fera. C'est précisément pour cette raison qu'il est essentiel de ne pas gaspiller ton temps.

Un regret fréquent chez de nombreuses personnes âgées est de ne pas avoir consacré leur vie à ce qui les rendait réellement heureuses. Beaucoup réalisent, trop tard, qu'elles n'ont jamais pris le temps de réfléchir à ce qui les animait profondément, à ce qui leur donnait l'élan de se lever chaque matin. Dans le développement personnel, on associe souvent cette quête de sens au concept d'*ikigai*, sur lequel je reviendrai plus en détail dans le commandement **Trouve ta passion**.

Apprendre à valoriser le temps dont tu disposes, c'est te respecter toi-même et reconnaître la valeur de ce que la vie t'offre. C'est pourquoi je dirais que le meilleur adjectif pour résumer ce commandement est : **reconnaissant**.

Être reconnaissant — non seulement pour le temps que tu as afin de construire ta meilleure version, mais aussi pour tout ce dont tu bénéficies déjà (l'eau courante, la sécurité, ton ou ta partenaire, ta famille, des amis fidèles…) — renforce cet état d'esprit d'abondance que tu cherches à développer.

3. Écoute ton intuition

Nous nous laissons parfois guider par la raison, parfois par le cœur. En tant qu'êtres rationnels, nous apprenons de nos expériences et utilisons notre capacité d'analyse pour prendre des décisions. Mais il est tout aussi vrai que nos émotions influencent profondément nos choix — et c'est précisément cette dimension émotionnelle que la publicité cherche à activer.

N'oublions pas que nous faisons partie du règne animal : nous sommes également des êtres instinctifs. Cet instinct joue un rôle essentiel pour nous aider à discerner ce qui est bon pour nous... et ce qui ne l'est pas.

Mon conseil est donc le suivant : apprends à écouter davantage ton intuition, en particulier lorsque la raison et l'instinct semblent entrer en contradiction. Cela peut concerner le choix de tes études — entre une formation offrant de nombreux débouchés professionnels et une autre qui te passionne réellement mais paraît moins valorisée sur le marché —, ou encore une décision plus anodine, comme celle de sauter en parachute... ou de rester au sol.

La réalité, c'est que même lorsque la raison semble indiquer une direction logique, il arrive fréquemment que l'on regrette de ne pas avoir écouté son intuition. Le cœur, bien souvent, sait ce qui te rend profondément heureux.

Imaginons, par exemple, que ta passion concerne les animaux. Si, au lieu d'étudier la biologie ou la médecine vétérinaire, tu choisis l'architecture uniquement parce que l'on t'a assuré qu'il s'agit d'un domaine offrant de bonnes perspectives financières, il est probable que tu perdes rapidement toute motivation. Tu pourrais abandonner ces études en cours de route pour revenir, plus tard, à ce qui t'animait réellement.

Ou pire encore : terminer ce cursus uniquement pour obtenir un diplôme, sans jamais exercer, ou entrer dans ce métier et réaliser que chaque journée passée dans cette profession te pèse.

Quelle que soit l'issue, tu auras sacrifié un temps précieux — et irréversible.

Apprendre à faire confiance à ton instinct te permettra souvent de trouver des réponses là où la raison hésite ou se contredit.

Le meilleur adjectif pour résumer ce commandement est, sans aucun doute : **instinctif**.

4. Apprends de tes erreurs

Errare humanum est. Autrement dit, en traduction du latin : **« Se tromper est humain. »** Et comme je suis certain que toi, cher lecteur ou chère lectrice, tu es humain — tout comme moi —, l'erreur fait naturellement partie de ta condition.

Dès l'enfance, nous sommes amenés à nous tromper, et ce sont généralement les parents ou les enseignants qui aident les enfants à tirer des leçons de leurs expériences. Il arrive cependant que certains parents, par excès de protection, cherchent à éloigner leurs enfants de toute situation comportant un risque, afin d'éviter qu'il ne leur arrive quelque chose. « Ne cours pas au bord de la piscine », « Ne monte pas à l'arbre » sont des interdictions courantes dont l'objectif est, au fond, de prévenir une chute ou un accident.

Pourtant, tôt ou tard, l'enfant sera confronté à des situations dans lesquelles il pourra se tromper. Et il est essentiel de lui permettre d'en tirer ses propres conclusions, de comprendre ce qui n'a pas fonctionné et ce qu'il pourrait améliorer.

Il existe également des enfants qui, dans une société très compétitive, subissent la pression de parents en quête de perfection. Ces derniers les inscrivent très tôt à de nombreuses activités extrascolaires — langues, musique, sport — avec l'intention qu'ils soient performants et brillants. Les enfants ressentent alors cette pression, par peur de décevoir des parents qui ont placé de grandes attentes en eux. Ce mécanisme peut produire un effet durable : à l'âge adulte, ces personnes chercheront à éviter l'erreur à tout prix.

La réalité est pourtant simple : l'erreur est inévitable. Tout au long de notre vie, nous sommes amenés à prendre des décisions en permanence. Nous choisissons nos études, nos relations, la manière dont nous utilisons notre temps... Inévitablement, nous commettrons des erreurs, car l'expérience ne s'acquiert qu'avec le temps — et c'est précisément l'apprentissage qui nous permet d'évoluer.

Le biais de preuve sociale (« Si les autres considèrent cela comme correct, alors cela doit l'être ») nous pousse souvent à adopter des décisions ou des comportements sur des sujets que nous maîtrisons mal. Or, ces autres personnes peuvent elles aussi se tromper, car, comme toi et moi, elles sont humaines.

Il est donc essentiel d'accepter que l'erreur t'accompagnera tout au long de ta vie. En adoptant une posture d'étudiant permanent, ouvert à l'apprentissage et à la remise en question, tu gagneras en expérience et apprendras à en limiter les conséquences.

Dans le commandement suivant — **« L'échec fait partie du succès »** —, j'approfondirai davantage le rôle de l'erreur et la manière dont elle s'inscrit dans un parcours de réussite.

Le meilleur adjectif pour résumer ce commandement est : **apprenant**.

« La peur de faire des erreurs est le plus grand ennemi du succès. »

— *Juan Cortés*

5. N'oublie pas de sourire

L'attitude que nous adoptons face à la vie exerce une influence profonde sur notre développement personnel. Elle peut avoir des effets psychologiques, et parfois même physiologiques, en favorisant un sentiment de bien-être ou, à l'inverse, en nourrissant un mal-être durable lorsque notre posture intérieure est négative.

La réalité que nous expérimentons au quotidien est fortement influencée par la manière dont nous percevons le monde, autrement dit par notre réalité intérieure. Lorsque nous voyons tout sous un angle sombre, sans raison objective, nous finissons par évoluer dans une réalité appauvrie et limitante. Cette posture reflète souvent un état d'esprit de rareté, dans lequel on se sent bloqué, impuissant et privé de marge de manœuvre.

Pourtant, même lorsque l'environnement ne sert pas nos intérêts, nous conservons toujours une capacité d'action. Il est possible d'agir, d'ajuster, de transformer ce qui ne fonctionne pas.

À l'inverse, choisir de regarder la vie avec optimisme — sans naïveté, mais avec lucidité et ouverture — modifie profondément notre disposition intérieure. Nous développons alors un état d'esprit d'abondance. Nous apprenons à reconnaître ce que la vie nous apporte de positif et à éprouver de la gratitude envers les personnes et les expériences qui enrichissent notre existence.

Le simple fait de pouvoir lire ces lignes — autrement dit, d'être en vie — constitue déjà une raison valable de reconnaissance.

C'est cette attitude intérieure qui favorise la croissance personnelle. Ne renonce donc pas à ton sourire. Il ne s'agit pas d'ignorer les difficultés, mais de cultiver une posture qui te permette d'y faire face avec plus de légèreté et de recul. Je te propose d'ailleurs, à la fin de chaque journée, de noter au moins trois personnes ou trois choses pour lesquelles tu ressens de la gratitude. Cet exercice simple contribue à renforcer durablement un état d'esprit positif.

Logiquement, l'adjectif qui résume le mieux ce commandement est : **souriant**.

La citation suivante en est une illustration parlante :

« N'attends pas d'être heureux pour sourire. Souris pour être heureux. »

— *Edward L. Kramer*

6. Améliore la vie des autres

Nous sommes des êtres sociaux. À ce titre, nous ne pouvons ni évoluer seuls ni progresser de manière isolée : nous avançons en apportant de la valeur à ceux qui nous entourent.

Pose-toi honnêtement cette question :

« Est-ce que j'influence positivement les autres... ou est-ce que je les affecte négativement ? »

Ta réponse déterminera si tu es perçu comme une personne toxique ou comme quelqu'un d'apprécié, qui cherche à grandir tout en aidant les autres à faire de même. Au-delà d'une attitude positive et d'une vie épanouie — comme nous l'avons vu dans le commandement **« N'oublie pas de sourire »** —, il est essentiel d'avoir un impact réel et constructif sur ton entourage, plutôt que de diffuser de la négativité.

Il existe de nombreuses manières de contribuer à la société :

- **Le donateur**

  Par des dons financiers à des causes justes, en offrant de ton temps pour aider des personnes dépendantes, en faisant du bénévolat, en donnant ton sang ou, dans certains cas, des organes.

- **Le meilleur ami**

  Une autre forme de contribution consiste à faire preuve de loyauté et de présence en amitié, notamment lorsque l'autre traverse une période difficile. Écouter, soutenir, conseiller ou simplement être là renforce le lien et bénéficie aux deux parties.

- **Le leader**

  Lorsque tu diriges une équipe, ton attitude a un impact déterminant. Pose-toi la question avec sincérité : pour les personnes qui travaillent avec toi, es-tu un chef... ou un leader ?

Même si ces termes sont parfois employés comme des synonymes, la différence est fondamentale.
Le chef impose son autorité, donne des ordres et cherche des responsables lorsqu'un problème survient.
Le leader, à l'inverse, avance en premier lorsque la situation se complique.
Il se concentre sur les solutions plutôt que sur les coupables, inspire la confiance et guide son équipe par l'exemple. Il gagne le respect au lieu de l'exiger, ce qui favorise l'engagement, la loyauté et la performance collective.

En résumé

Lorsque tu contribues, même modestement, à améliorer le monde à ta manière, la vie finit toujours par te le rendre. N'oublie jamais cette idée simple :

« Pour être récompensé, il faut d'abord avoir servi. »

Autrement dit, servir et apporter de la valeur aux autres porte toujours ses fruits. Observe cette étincelle dans le regard de l'autre : si tu la perçois, c'est que tu es sur la bonne voie.

L'adjectif qui résume ce commandement est : **solidaire**.

7. Prends soin de ton apparence

Ton apparence fait partie intégrante de ton identité. Elle constitue ta première carte de visite face au monde, ce par quoi les autres te perçoivent avant même d'échanger un mot avec toi. C'est pour cette raison qu'il est important de ne pas la négliger.

Précision importante : l'apparence ne définit pas la valeur d'un individu. Une personne en costume peut être mal intentionnée, tandis qu'une autre, à l'apparence plus modeste, peut avoir d'excellentes valeurs. Il ne s'agit ici d'aucun jugement moral, mais d'un constat simple : la première impression se construit majoritairement par le regard.

Nous sommes biologiquement programmés pour appréhender notre environnement en grande partie par la vue. Dès la préhistoire, les êtres humains communiquaient déjà par l'image, comme en témoignent les peintures rupestres, notamment celles de la grotte d'Altamira. Aujourd'hui encore, ce mécanisme demeure : nous formons des impressions à partir de ce que nous voyons.

C'est précisément ce fonctionnement qui explique l'existence de nombreux préjugés liés à l'apparence. Certaines personnes peuvent éprouver une première impression défavorable face à quelqu'un portant certains accessoires ou adoptant une tenue négligée. À l'inverse, elles peuvent se forger une excellente impression si l'autre personne est vêtue avec élégance et présente une apparence soignée. Ou, au contraire, une personne habillée de façon élégante peut inspirer de la méfiance, tandis qu'une personne à l'allure plus informelle peut susciter une meilleure impression. Tout cela repose sur divers facteurs, tels que l'appartenance de la personne qui perçoit à une « tribu urbaine », ses croyances, entre autres éléments.

Prendre soin de soi et le refléter à l'extérieur est une manière de montrer que tu te respectes, que tu t'apprécies et que tu as confiance en toi. Cela participe pleinement au développement personnel et renforce l'estime de soi. Une personne qui se respecte projette une image plus stable, plus cohérente, et inspire naturellement davantage de confiance.

Une apparence propre, soignée et cohérente est également perçue comme plus attractive. Au-delà de l'aspect esthétique, elle traduit une attention portée à soi-même. Les vêtements, la coiffure, l'hygiène, l'odeur, les soins personnels ou encore le mode de vie — activité physique et alimentation équilibrée — contribuent à cette perception globale.

Lorsque ces éléments sont cultivés avec cohérence, tu augmentes naturellement tes chances d'attirer, d'inspirer ou de susciter l'admiration. Un style simple mais soigné, une hygiène irréprochable et des choix réfléchis laissent presque toujours une impression favorable.

Je t'encourage à privilégier la qualité plutôt que la quantité. Mieux vaut une alimentation riche en nutriments que des produits ultra-transformés. Mieux vaut quelques vêtements de bonne qualité que de nombreuses pièces médiocres — par exemple, quatre chemises bien coupées plutôt que dix de moindre qualité, ou trois paires de chaussures durables plutôt qu'une multitude qui s'usent rapidement.

À l'inverse, une apparence négligée ou désordonnée peut envoyer des signaux négatifs, parfois malgré toi. Certaines personnes y verront un manque de respect envers soi-même, voire un manque de fiabilité ou de sérieux. Ces jugements ne sont pas toujours justes, mais ils existent, et il est important d'en avoir conscience.

Pense à un entretien d'embauche ou à un rendez-vous important. Tu soignes naturellement ton apparence, car tu sais que négliger cet aspect augmente le risque de ne pas être pris au sérieux. Mais cette logique ne s'applique pas uniquement aux situations exceptionnelles.

Dans la vie quotidienne — que ce soit pour faire des courses, se promener ou sortir —, il est bénéfique de présenter une version de toi-même fidèle à qui tu es, propre, cohérente et soignée. Il ne s'agit pas de porter une tenue élégante en permanence, mais d'adopter une apparence qui te représente et te respecte.

L'adjectif qui résume ce commandement est :
soigné.

8. L'échec fait partie du succès

Dans le commandement consacré à l'apprentissage par l'erreur, je t'expliquais l'importance d'accepter l'erreur et d'en tirer des enseignements pour progresser. Il est maintenant temps d'aller plus loin : il est tout aussi essentiel d'accepter l'échec, car il fait partie intégrante et inévitable du chemin vers le succès.

Oui, l'échec mérite d'être accepté — et parfois même reconnu — au même titre que la réussite. Là où beaucoup cherchent à l'éviter à tout prix, les personnes qui avancent durablement comprennent qu'il constitue un levier de croissance. L'échec n'est pas une fin, mais une étape.

Échouer ne signifie pas être un perdant. Cela signifie apprendre, analyser ce qui n'a pas fonctionné, ajuster ses méthodes, renforcer ses systèmes et devenir plus solide et plus résilient dans la durée.

Ce principe est particulièrement visible chez les travailleurs indépendants et les entrepreneurs. Lorsqu'on développe une activité, il est inévitable que la concurrence apparaisse tôt ou tard, cherchant à proposer une alternative aux produits ou services existants. C'est une réalité propre à toute économie de marché.

Lorsque de nouveaux concurrents émergent et commencent à capter une partie de la clientèle, deux options s'offrent à toi : ignorer cette évolution ou en tirer des enseignements. Les entrepreneurs qui réussissent choisissent la seconde voie. Ils observent, s'adaptent, améliorent leur offre et renforcent leur proposition de valeur. À l'inverse, refuser de s'adapter conduit souvent à un recul progressif.

Ainsi, un échec apparent — perte de parts de marché, baisse de performance, revers ponctuel — peut devenir une opportunité d'apprentissage permettant de préserver, voire d'améliorer, sa position à long terme.

Commence donc à considérer l'échec comme une forme d'apprentissage. Parfois tu réussis, parfois tu apprends.

De nombreuses personnalités publiques ont connu des revers importants avant de connaître le succès. C'est notamment le cas de Donald Trump, qui, au cours de sa carrière entrepreneuriale, a traversé plusieurs périodes d'échec avant de rebondir. Quelles que soient les opinions que l'on puisse avoir à son sujet, son parcours illustre la capacité à se relever après des revers.

Ce principe est également fondamental dans des domaines exigeants comme le trading. Même avec une stratégie rigoureuse et une solide maîtrise technique, un trader subira inévitablement des pertes dues à l'incertitude des marchés. L'enjeu n'est pas d'éviter toute perte, mais de les anticiper, de les maîtriser et d'adapter sa gestion du risque afin que, sur la durée, les résultats demeurent positifs.

L'adjectif qui résume le mieux ce commandement est :
résilient.

9. Trouve ta passion

Dans une vie pleinement épanouie, la passion joue un rôle fondamental : elle donne du sens à ce que tu fais. Vivre en accord avec ce qui t'anime profondément devrait être une priorité si tu souhaites évoluer durablement vers ta meilleure version.

Pourtant, de nombreuses personnes traversent leur existence sans véritable enthousiasme. Elles se lèvent le matin en rêvant de pouvoir dormir davantage — une sensation souvent exacerbée les lundis —, se rendent au travail sans motivation et attendent simplement que la semaine passe afin de profiter du week-end pour « déconnecter ». Puis les semaines s'enchaînent, les années passent, et l'on finit par attendre la retraite pour enfin vivre ce que l'on n'a jamais pris le temps d'explorer plus tôt.

À l'inverse, certaines personnes aiment profondément leur vie. Elles vivent davantage dans le présent, poursuivent leurs projets et font de leur passion une priorité. Et, d'une certaine manière, la vie semble leur sourire davantage.

Si tu te reconnais encore dans le premier groupe, je t'invite à entreprendre un travail d'introspection. Cherche à identifier ce qui t'anime réellement et à découvrir ton *ikigai*. Ce terme japonais désigne ce qui te donne envie de te lever le matin, ce qui confère du sens à ton existence.

Si ta seule motivation pour sortir du lit consiste à te rendre à un travail que tu n'apprécies pas, uniquement pour percevoir ton salaire en fin de mois, tout en supportant chaque minute passée au bureau, il est probable qu'un déséquilibre existe.

Permets-moi d'illustrer cela par une métaphore. Imagine que tu voyages indéfiniment à bord d'un bateau à la dérive, en pleine mer. Tu n'en es pas le capitaine : quelqu'un d'autre tient la barre. Tu es soumis aux décisions de ce capitaine, aux courants et aux tempêtes, sans savoir précisément vers quelle destination tu te diriges.

Dans la vie réelle, le capitaine représente ton supérieur hiérarchique, celui qui décide de ton évolution professionnelle. La mer symbolise ton environnement

: la conjoncture économique, la société, les décisions politiques ou les événements imprévus.

Ce commandement nécessite une petite nuance afin que le message soit transmis de manière appropriée. Il est indéniable qu'il faut tenir compte des circonstances personnelles de chacun : tout le monde ne peut pas forcément quitter son emploi, car il faut payer un crédit immobilier ou assumer des obligations familiales. Si tel est ton cas, je t'invite à rechercher ta passion en dehors du cadre professionnel ; il peut s'agir d'un loisir que tu adores, de tes enfants, de ton animal de compagnie… Quoi qu'il en soit, il est essentiel que tu aies une passion qui donne du sens à tout ce que tu fais.

Exercice de visualisation

Je te propose maintenant un premier exercice.

Prends un carnet et un stylo. Installe-toi dans un endroit calme où tu ne seras pas dérangé. Adopte une position confortable — assise, allongée, ou même en position du lotus, si tu y es habitué — puis ferme les yeux.

Position du lotus

Commence par respirer lentement et profondément. À chaque inspiration et à chaque expiration, sens ton corps se détendre progressivement. Lorsque tu te sens plus apaisé, visualise-toi à bord de ce bateau.

Que ressens-tu ? Quelles pensées surgissent ? Comment vis-tu le fait de ne pas diriger le navire ? Quelle émotion t'inspire l'incertitude quant à la destination, ou même l'idée qu'il n'y en ait pas ?

Observe ces sensations, y compris celles qui se manifestent physiquement en toi.

Lorsque tu te sens prêt, ouvre lentement les yeux et note dans ton carnet tout ce qui t'est venu à l'esprit : pensées, émotions, prises de conscience. Demande-toi si cette situation correspond réellement à ce que tu désires.

Second exercice de visualisation

Je te propose maintenant un exercice différent.

Après t'être à nouveau détendu, visualise un moment idéal de ta vie, tel que tu l'imagines. Active consciemment tes cinq sens :

- **La vue** : où te trouves-tu ? Que vois-tu ? Qui est avec toi ?
- **L'ouïe** : quels sons entends-tu ? Une musique, des voix, des rires ?
- **L'odorat** : quelles odeurs perçois-tu ? Un parfum, une cuisine, l'air marin ?
- **Le goût** : que savoures-tu ? Un plat, une boisson, un instant particulier ?

- **Le toucher** : que ressens-tu physiquement ? Le contact d'un objet, d'une personne, ou la satisfaction d'un effort accompli ?

Prends quelques minutes pour t'immerger pleinement dans cette scène. Puis ouvre les yeux et note ce que tu as ressenti, ce qui t'a marqué et les conclusions que tu en tires.

L'adjectif qui résume ce commandement est, bien entendu : **passionné**.

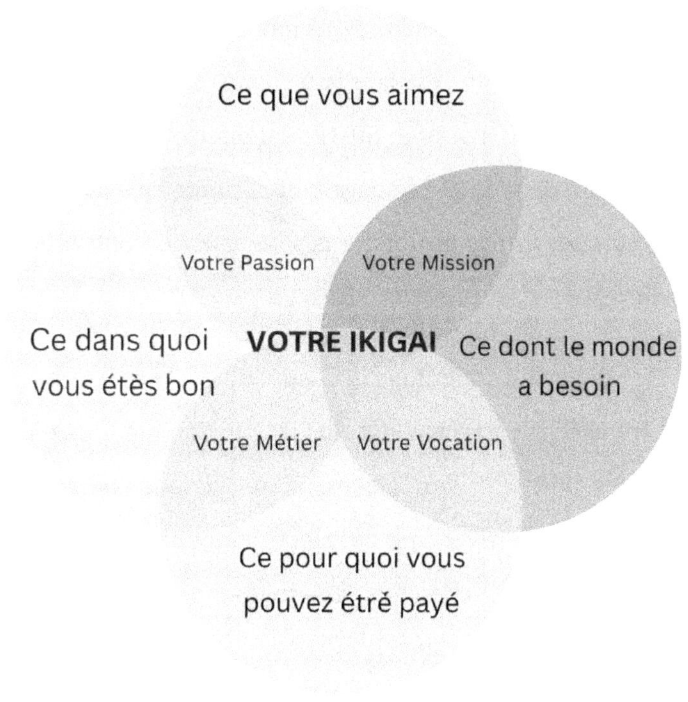

L'ikigai

10. N'abandonne jamais

C'est une caractéristique fondamentale d'un état d'esprit gagnant, et sans aucun doute l'un des traits qui distingue le plus clairement les personnes qui réussissent de celles qui échouent.

! Avant d'aller plus loin, il est nécessaire de souligner qu'il ne faut pas interpréter ce commandement de manière excessivement littérale. Ce que je souhaite transmettre à travers ce principe, c'est l'importance d'être persévérant et de se battre pour ses objectifs, tout en faisant toujours preuve de bon sens. Dans une situation extrême, il ne faut pas s'obstiner lorsque la situation est sans issue : une relation de couple intenable, un actif dans lequel tu as investi et qui va se déprécier jusqu'à zéro, ou encore un investissement dans une campagne publicitaire qui, après analyse des indicateurs, ne s'avère pas rentable mais devient au contraire un véritable gouffre financier.

Les personnes qui avancent définissent leurs objectifs et leur mission de vie, puis travaillent avec constance à leur réalisation. Comme tout le monde, elles rencontrent des difficultés, mais elles ne se laissent pas envahir par des pensées négatives et ne renoncent pas au premier obstacle. Elles persévèrent, ajustent leur trajectoire et cherchent des solutions pour continuer à avancer, quelles que soient les circonstances.

L'abandon par découragement ne fait pas partie de leur vocabulaire. Leur *pourquoi* est suffisamment fort et porteur de sens pour rendre le renoncement difficilement envisageable. Ces personnes ne comptent pas sur la chance pour atteindre leurs objectifs : elles s'appuient sur leur travail, leur persévérance et leur entourage pour progresser étape après étape.

Le commandement « N'abandonne jamais » en anglais.

Leur réussite ne s'explique ni par une bénédiction divine ni par cette fameuse « chance » — souvent invoquée par ceux qui adoptent un état d'esprit de rareté. Qui n'a jamais entendu ce type de remarques ?

« Il a de la chance, il vient d'une bonne famille. »

« Ils ont eu de la chance, nous avons marqué contre notre camp… »

Se réfugier derrière la chance des autres permet avant tout de se déresponsabiliser et de se convaincre que l'on n'y peut rien. Le résultat est presque toujours le même : aucune action concrète n'est engagée, et les objectifs restent hors de portée.

La véritable question à se poser est plutôt celle-ci : **qu'est-ce que je peux améliorer pour réduire mes erreurs et faire mieux la prochaine fois ?**

Prenons l'exemple d'un grand sportif. Va-t-il systématiquement expliquer ses défaites par les décisions des arbitres, des juges ou du public ? Non. Les plus performants analysent leurs erreurs, ajustent leur préparation et travaillent encore plus dur afin de progresser lors de la compétition suivante.

En résumé

Les gagnants sont ceux qui n'abandonnent jamais, parce qu'ils savent qu'ils atteindront leurs objectifs — peut-être pas immédiatement, peut-être pas au moment exact qu'ils avaient imaginé, mais ils savent qu'ils y parviendront.

Comme on le disait déjà en latin :

« *Si vis, potes » — Si tu veux, tu peux.*

N'oublie jamais ceci :

les gagnants n'abandonnent jamais, et ceux qui abandonnent ne gagnent jamais.

Alors, de quel côté choisis-tu d'être ?

L'adjectif qui résume ce commandement est :

persistant.

PARTIE II – LEVER LES FREINS INTÉRIEURS

Ce qui t'empêche d'avancer sans que tu t'en rendes compte

Crois en toi

Pour pouvoir avancer, il est nécessaire de faire un exercice de réflexion approfondie et d'identifier ce qui peut être en train de nous freiner. L'autosabotage est un ennemi discret, mais très efficace, qu'il nous faut apprendre à reconnaître. L'un des aspects à analyser est la confiance en soi, ou son absence.

Travailler ta confiance en toi est primordial. Celle-ci se construit tout au long de la vie, dès l'enfance, et détermine l'image que tu as de toi-même et de tes capacités. Si tu manques de confiance en tes capacités, ou si tu laisses ton entourage te convaincre que tu n'y arriveras pas, il y a de fortes chances que cette croyance finisse par se confirmer. À l'inverse, lorsque tu crois en toi, tu te donnes les moyens d'agir et de persévérer. Cette idée est parfaitement résumée par cette citation attribuée à **Henry Ford** :

« Que tu penses être capable ou incapable, dans les deux cas, tu as raison. »

Prenons un exemple auquel tu peux sans doute t'identifier. Tu es à l'université et tu dois t'inscrire à une matière réputée pour sa difficulté et son taux d'échec élevé. Les étudiants qui l'ont déjà suivie te la décrivent comme un véritable cauchemar. Si tu te laisses influencer par cet environnement pessimiste, tu risques de douter de tes capacités, voire de renoncer avant même d'avoir essayé.

Pourtant, cela ne signifie en rien que tu es incapable de réussir. Tu peux être l'exception. Avec les outils que tu découvres ici, un travail personnel sérieux et, si nécessaire, un accompagnement adapté, il est possible de franchir ce mur mental que d'autres ont érigé autour de cette matière.

Un autre exemple célèbre illustre parfaitement la puissance de la croyance. Pendant longtemps, les experts affirmaient que le corps humain était physiologiquement incapable de courir le mile, soit 1,6 km, en moins de quatre minutes. Dans les années 1940, le record était fixé à 4 minutes et 1 seconde, et beaucoup pensaient qu'il ne serait jamais battu.

Jusqu'au jour où, en 1954, **Roger Bannister** a osé penser autrement ; il a visualisé cet exploit et travaillé avec ténacité. Le 6 mai, il a franchi cette barrière que l'on croyait infranchissable. Il n'était pourtant ni surhumain ni différent des autres coureurs. Une limite mentale venait de tomber.

Et ce record est-il resté intact ? Bien sûr que non. Moins d'un an plus tard, un autre athlète a couru le mile en moins de quatre minutes, puis beaucoup d'autres ont suivi. Ce que l'on croyait impossible est alors devenu possible.

Pour terminer, j'aimerais te partager une expérience personnelle vécue en Allemagne. Je participais à un séminaire animé par **Martín Jiménez**. Chaque participant devait annoncer un objectif personnel accompagné d'une date butoir. Je me suis engagé à écrire et publier mon premier livre en un peu plus de deux mois.

Les réactions sceptiques ont été immédiates. Beaucoup tentaient de me convaincre que ce projet était irréaliste. Malgré cette atmosphère peu encourageante, je suis resté déterminé, convaincu que j'y arriverais. Six semaines plus tard, le manuscrit était terminé et, quelques jours avant l'échéance annoncée, le livre était publié.

À travers ces exemples, je souhaite te rappeler une chose essentielle : avoir confiance en toi ne garantit pas le succès, mais ne pas y croire garantit presque toujours l'inaction. Lorsque tu crois sincèrement en ce que tu entreprends, tu augmentes considérablement tes chances d'aller au bout de tes projets.

Apprends à gérer la peur

La peur est inhérente à l'être humain. Elle se manifeste généralement face à l'incertitude, lorsqu'une situation inconnue se profile à l'horizon. Autrement dit, la peur est le plus souvent liée au futur, et non au présent. Être pleinement présent, par exemple grâce à des pratiques comme la méditation (dont nous parlerons longuement dans un chapitre à venir), peut aider à la diminuer. Il arrive en effet que les scénarios négatifs que nous construisons mentalement ne se réalisent jamais, et que nous ayons souffert inutilement par anticipation.

Cela dit, il est important de reconnaître que certaines situations comportent un **danger réel et objectif**. La peur n'est donc pas toujours irrationnelle. Dès lors, une question se pose : que peut-on faire pour mieux la gérer ? Est-il possible de l'éliminer totalement ?

En réalité, supprimer complètement la peur est difficile, sauf à adopter une attitude excessivement prudente et à ne jamais sortir de sa zone de confort, là où tout semble maîtrisé. Mais comme ce n'est manifestement pas ton objectif — puisque tu cherches à évoluer, à expérimenter et à passer à l'action —, cette option n'est ni souhaitable ni réaliste.

Alors, que peux-tu faire concrètement ?

Même les personnes les plus accomplies ressentent de la peur. Ce qui les distingue, ce n'est pas l'absence de peur, mais leur capacité à agir malgré elle. Prenons un exemple simple. Tu as une idée pertinente à proposer à ton supérieur, une idée susceptible d'améliorer certains processus de l'entreprise. Pourtant, tu crains qu'il interprète ta suggestion comme une remise en question de sa gestion, ce qui pourrait se retourner contre toi. Par peur des conséquences, tu choisis donc de garder cette idée pour toi.

Analysons cette situation.

Le fait de ne pas agir, c'est-à-dire de ne pas partager ton idée, va-t-il t'apporter un bénéfice ou un préjudice ? Très probablement un préjudice. Tu te prives de la satisfaction de voir ton idée éventuellement mise en œuvre, tu nourris une frustration intérieure et tu freines ta propre progression. En te censurant, **tu te coupes les ailes.**

Cette croyance limitante agit comme une entrave à ta liberté. Pour commencer à la dépasser, je te propose d'appliquer un outil simple et efficace : le modèle des **4 A**.

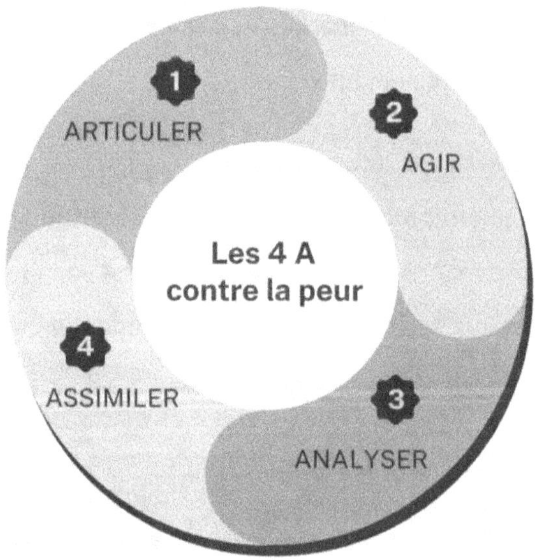

- **Élaborer un plan d'action (Articuler)**

  Dans notre exemple, il s'agit de structurer clairement ton idée. Prépare un pitch concis en t'appuyant sur les moyens dont tu disposes. Définis précisément ta proposition, mets en avant les bénéfices attendus, anticipe les objections possibles et explique comment les risques pourraient être maîtrisés.

- **Passer à l'action (Agir)**

  Présente ton point de vue et expose ton idée de manière posée et professionnelle.

- **Se préparer aux réactions (Analyser)**

  Les réactions humaines sont variables et dépendent de nombreux facteurs, tels que l'expérience, la personnalité ou l'état émotionnel du moment. Tant que tu t'exprimes de façon argumentée, factuelle et respectueuse, tu peux être en accord avec toi-même.

  Si la réaction est positive, tu te seras libéré d'un poids. Si elle est négative, tu auras malgré tout agi avec intégrité. Et il est important de garder à l'esprit que la réaction de l'autre ne dépend pas entièrement de toi.

- **Tirer des enseignements (Apprendre)**

  Que retiens-tu de cette expérience ? Dans le meilleur des cas, ton supérieur appréciera ton initiative et prendra ton idée en considération, ce qui te montrera que la peur initiale était infondée.

  Mais si ton idée est rejetée ou ignorée, tu peux également en tirer un apprentissage. Tu comprendras peut-être que ton environnement professionnel ne favorise pas ton évolution, et qu'il constitue, à terme, un frein à ton développement.

  Dans les deux cas, tu gagnes quelque chose : soit une avancée concrète, soit une prise de conscience utile.

Le raisonnement est similaire dans la sphère personnelle. Si la personne à qui tu fais une proposition, par exemple ton ou ta partenaire, réagit systématiquement de manière négative ou dévalorisante, cela peut révéler un dysfonctionnement dans la relation. Cette expérience, bien que décevante, peut te rendre conscient d'un problème que tu ne percevais pas clairement — ou que tu préférais ignorer.

Comme tu le découvriras plus loin dans ce décalogue du développement personnel, ton temps est une ressource précieuse, que tu dois apprendre à protéger avec discernement.

En conclusion, la peur ne peut ni t'arrêter durablement ni empêcher ta progression. Quoi qu'il arrive, tu obtiendras soit un succès, soit un apprentissage. L'essentiel est de ne pas laisser l'incertitude te paralyser ni restreindre ta liberté d'action.

Sors de ta zone de confort !

Comme je te l'ai promis, abordons maintenant un concept central du développement personnel : **la zone de confort**.

Il ne s'agit pas d'un lieu physique, mais d'un **état psychologique** dans lequel une personne se sent en sécurité, à l'aise et en contrôle. Dans cette zone, elle accomplit des tâches qu'elle maîtrise, sans stress ni incertitude. En revanche, dès qu'elle est confrontée à une situation inhabituelle ou inconfortable, l'anxiété, le doute et la peur peuvent surgir rapidement, faute de repères et de sécurité intérieure.

Si tu y réfléchis un instant, tu te souviendras sans doute d'une situation où tu t'es senti poussé dans tes retranchements : monter dans une montagne russe malgré la peur, faire du saut à l'élastique, prendre le volant pour la première fois après l'obtention du permis, ou encore devoir goûter un aliment que tu détestais.

Qui n'a jamais, enfant, été obligé de manger un plat qu'il n'aimait pas ? Chacun a son exemple… et souvent un mauvais souvenir associé.

« C'est ça ou rien. »

Tôt ou tard, qu'on le veuille ou non, il fallait bien finir par goûter ce fameux plat, ce qui entraînait généralement l'une des deux réactions suivantes :

1) Le rejet total

Tu te crispais davantage, refusais d'y goûter à nouveau et décidais de ne manger que ce que tu connaissais.

☞ Dans le langage du développement personnel, cela revient à **rester dans son environnement maîtrisé**, par besoin de sécurité et par peur de l'inconnu.

2) L'ouverture

Malgré l'appréhension, tu goûtais. Et, surprise, ce n'était pas si mauvais... voire agréable. Ton regard changeait, tu étais prêt à réessayer, et parfois même à apprécier ce plat avec le temps.

☞ Ici, tu as **accepté un inconfort temporaire** pour élargir ton expérience. Tu es passé par une phase d'inconfort et d'apprentissage, et ta **zone de confort s'est agrandie**.

C'est exactement ainsi que l'on progresse dans la vie. En osant affronter l'inconnu, on transforme peu à peu l'étrange en familier, et ce qui faisait peur devient une opportunité. De nouvelles expériences s'ouvrent à nous, et ce qui était rejeté ou tabou devient progressivement accessible, voire appréciable.

Dans cette dynamique, on accepte d'expérimenter. On traverse une phase d'inconfort, de peur ou d'angoisse, souvent appelée zone de peur, avant d'entrer dans une phase d'apprentissage. Malgré le malaise initial, on persévère. Notre champ d'expérience s'élargit, et ce qui nous semblait insurmontable devient maîtrisé.

☞ En termes de développement personnel, cela signifie que nous avons **quitté notre zone de confort**, traversé une **zone de peur**, puis une **zone d'apprentissage**, pour atteindre une **zone de croissance**. Résultat : notre zone de confort s'élargit, une difficulté est dépassée, et une ancienne source d'angoisse devient une expérience intégrée. Nous sommes alors plus enclins à relever de nouveaux défis.

Sur le schéma ci-dessous, tu pourras visualiser ces quatre zones psychologiques.

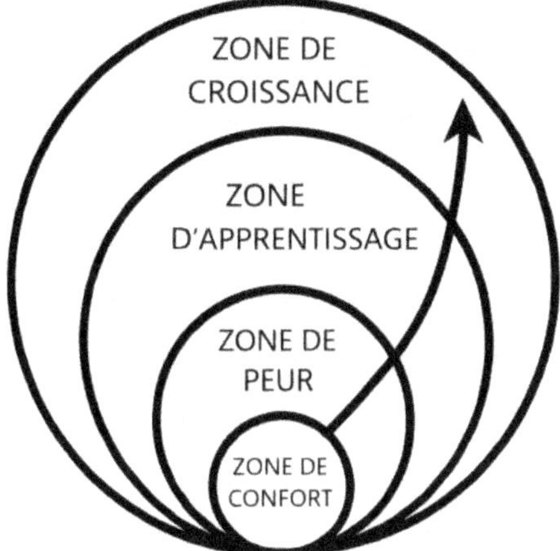

Nous l'avons déjà évoqué au chapitre précédent : certaines personnes de ton entourage refuseront catégoriquement de quitter leur zone de confort, car elles recherchent avant tout le contrôle et la sécurité. Ce sont les fameux « et si… ». Face à une situation inconfortable, elles réagiront comme dans le premier cas de figure : éviter l'inconnu pour rester dans un cadre rassurant.

Ce comportement est parfaitement compréhensible. Comme je l'ai affirmé précédemment en présentant le *mindset* de sécurité, il n'y a rien de mal à cela. Cette attitude relève de la nature humaine. Le cerveau possède une structure appelée l'amygdale, chargée d'analyser en permanence les stimuli extérieurs afin de détecter les menaces. Ce mécanisme a permis à l'être humain de survivre, par exemple en fuyant un danger immédiat. En résumé, le cerveau cherche avant tout à nous protéger.

Cependant, ce sont aussi l'expérimentation, la curiosité et l'innovation qui ont permis à l'humanité de progresser et d'améliorer considérablement sa qualité de vie. Même si les dangers d'autrefois sont aujourd'hui beaucoup plus rares, ce mécanisme de protection ancestral demeure actif.

Alors, quel est l'objectif de cette démarche de transformation personnelle ? Il est simple : avancer dans la direction de la croissance chaque fois que nous faisons face à un défi situé hors de notre zone de confort.

Te pousser à agir dans ces moments-là est ce qui te permettra d'apprendre et de grandir. Il n'existe pas d'autre chemin.

Si tu veux réussir et t'épanouir, tu devrais apprendre en continu et **rester un étudiant à vie**. Cela implique nécessairement d'oser l'inconfort, d'expérimenter et de **sortir régulièrement de ta zone de confort**.

Je t'invite donc à rechercher volontairement des situations qui te mettent à l'épreuve de manière consciente et réfléchie. C'est en quittant ta zone de confort que tu enrichiras ton expérience et développeras ton potentiel.

Inutile de commencer par quelque chose d'extraordinaire. Parfois, il suffit simplement :

- de te lever un peu plus tôt chaque matin (ce qui présente de nombreux bénéfices, que j'aborderai plus loin),
- ou de goûter ce plat exotique si éloigné de ton régime habituel.

Peu à peu, tu découvriras tout ce dont tu es capable. Et plus tu sortiras de ta zone de confort, plus cela deviendra naturel lorsque la vie te placera face à de nouveaux défis.

« La vie commence là où s'arrête ta zone de confort. »

— *Neale Donald Walsch*

Ce sur quoi tu portes ton attention compte

Si tu t'es déjà intéressé(e) au développement personnel, la notion de « loi de l'attraction » ne t'est sans doute pas inconnue. Rassure-toi : il ne s'agit ni de physique ni d'électromagnétisme. On désigne ainsi l'idée selon laquelle nous aurions tendance à orienter notre vie en fonction de ce sur quoi nous portons notre attention et nos pensées.

Selon cette approche, nos pensées influenceraient notre réalité bien plus que nous ne le croyons. Lorsque nous entretenons des pensées constructives, que nous nous y attardons et que nous agissons concrètement pour atteindre nos objectifs, nous augmentons nos chances de créer des situations favorables et de voir certains projets aboutir.

Mais attention : ce mécanisme fonctionne également dans l'autre sens. Les personnes durablement pessimistes, qui interprètent la vie à travers un prisme négatif, ont tendance à renforcer des expériences peu satisfaisantes. Leurs croyances limitantes agissent alors comme de véritables freins, réduisant leur capacité à adopter un état d'esprit plus ouvert et plus constructif.

Il est intéressant, à ce stade, d'introduire une autre lecture, issue de la pensée bouddhiste, qui diffère sensiblement de la loi de l'attraction. Le bouddhisme ne parle pas « d'attirer » quoi que ce soit, mais met l'accent sur l'attention et le focus. Selon cette vision, ce n'est pas tant ce que nous attirons qui compte, mais ce à quoi nous prêtons attention, car cela façonne progressivement nos habitudes. Et ce sont ces habitudes qui déterminent, sur le long terme, notre manière de réagir à la réalité.

Autrement dit, là où la loi de l'attraction suggère que nos pensées attirent notre réalité, la sagesse bouddhiste rappelle que notre attention conditionne ce que nous devenons.

Nous disposons en réalité d'une marge d'influence bien plus importante que nous ne l'imaginons sur le cours de notre vie. Nous construisons une partie de notre expérience à partir de notre vision du monde, c'est-à-dire à partir de nos interprétations. Les choses ne sont pas toujours telles que nous les percevons. Comme le dit l'expression bien connue :

« Les apparences sont trompeuses. »

Il nous arrive fréquemment de tirer des conclusions fondées sur nos croyances et nos perceptions, alors même que celles-ci peuvent être partielles ou erronées. L'exemple des médias illustre bien ce phénomène. Sans généraliser, certaines informations diffusées peuvent manquer de nuance ou de fiabilité : sources fragiles, absence de vérification, exagérations, voire désinformation.

Cette exposition répétée peut orienter nos pensées de manière négative et nous amener à percevoir le monde comme plus hostile qu'il ne l'est réellement. Il est d'ailleurs établi que les informations anxiogènes captent davantage l'attention et génèrent plus d'engagement. D'où l'importance de ne pas tout accepter sans recul : analyse les faits, conserve ton esprit critique et entraîne-toi aussi à repérer ce qui fonctionne, ce qui progresse et ce qui est possible.

Lorsque tu prends conscience de ta capacité à filtrer et à orienter tes pensées, tu disposes d'un levier essentiel pour ton développement personnel. Ajuste ton mode de pensée — ou renforce-le s'il est déjà constructif —, concentre-toi sur tes objectifs et engage-toi dans l'action. Lorsque ton intention est claire, que ton engagement est réel et que tes actions sont alignées, tu crées un terrain favorable : tu identifies plus facilement les opportunités, tu prends de meilleures décisions et tu augmentes les chances que ton avenir prenne une direction positive.

(« bonnes vibrations uniquement », en anglais)

PARTIE III – PASSER DU MENTAL À L'ACTION

Faire le lien entre intention et action

Transforme tes pensées en résultats

La clé pour obtenir des résultats concrets réside dans le passage à l'action. Se mettre en mouvement et définir des actions précises est indispensable pour progresser et avancer vers ses objectifs. Sans action, il n'y a tout simplement pas de résultat.

Toutefois, l'action ne naît pas par hasard. Elle est le produit de deux éléments fondamentaux : les pensées et les émotions. Ensemble, ces trois dimensions — pensées, émotions et actions — forment une dynamique simple que l'on peut résumer à travers cette formulation :

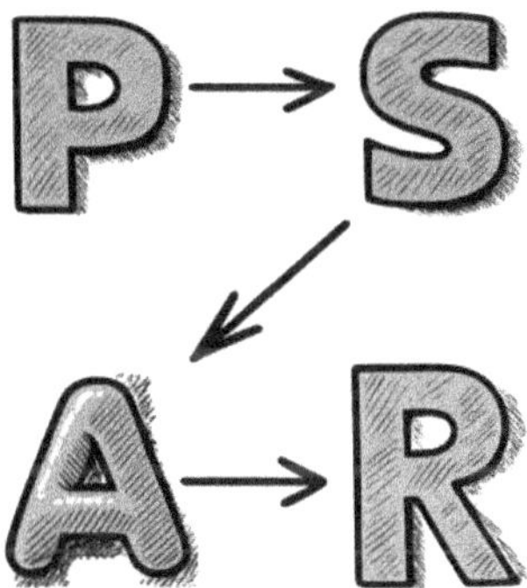

P : Pensées – S : Sentiments – A : Actions – R : Résultats

Cette logique a été clairement formulée par **T. Harv Eker**, qui l'exprime ainsi :

« Les pensées génèrent des sentiments, qui conduisent à des actions, lesquelles déterminent des résultats. »

Tout commence par les pensées. Comme nous l'avons vu précédemment, il est essentiel de clarifier et de visualiser ton objectif avant même qu'il ne se matérialise. Tes pensées orientent ton attention et conditionnent ta manière d'interpréter la réalité.

Ces pensées déclenchent ensuite des émotions, lesquelles influencent directement ton comportement. L'être humain est fondamentalement émotionnel, et les émotions jouent un rôle central dans nos décisions. Lorsque les émotions associées à un objectif sont suffisamment fortes et positives, elles facilitent le passage à l'action.

Enfin, ce sont les actions que tu entreprends qui déterminent tes résultats. L'inaction conduit mécaniquement à l'absence de résultats. De la même manière, répéter indéfiniment les mêmes actions produit les mêmes effets. Si tu souhaites obtenir des résultats différents, tu dois accepter de modifier tes comportements et d'adopter de nouvelles stratégies.

Tu te demandes peut-être comment passer concrètement à l'action. La réponse est simple : te former en continu, apprendre auprès de personnes qui ont déjà parcouru ce chemin et dont les résultats sont observables, puis appliquer ce que tu apprends. Dans le chapitre « N'arrête jamais d'apprendre », j'approfondirai davantage cette question.

Pour agir efficacement, il est indispensable de définir des tâches claires et mesurables. Celles-ci te permettront d'atteindre des objectifs intermédiaires qui te rapprochent progressivement de ton objectif final. Deux qualités sont alors essentielles : la constance et la discipline. Il est également important de fixer des échéances réalistes et d'avancer à ton propre rythme. Nous reviendrons plus en détail sur ces notions dans les chapitres suivants.

Certains attribueront peut-être tes réussites à la chance. Tu sais désormais qu'il existe, derrière chaque résultat durable, un travail structuré et persévérant que beaucoup ne perçoivent pas.

L'équation présentée dans ce chapitre est volontairement expliquée de manière linéaire, à des fins pédagogiques. Dans la réalité, toutefois, la complexité de la vie fait que les choses ne se déroulent pas toujours ainsi. Certaines personnes passent à l'action sans analyser préalablement leurs pensées ou leurs émotions, tandis que d'autres ajustent leurs pensées en fonction des résultats qu'elles obtiennent. Dans ces situations, l'équation cesse d'être linéaire et prend une forme circulaire.

En résumé

Trois facteurs influencent directement les résultats que tu obtiens : tes pensées, tes émotions et tes actions.

Lorsque tu nourris des pensées claires et ambitieuses, elles génèrent des émotions mobilisatrices qui te poussent à agir de manière cohérente et efficace, augmentant ainsi tes chances d'obtenir les résultats que tu recherches.

À l'inverse, le doute et l'autosabotage produisent des émotions négatives qui conduisent souvent à l'inaction et à des résultats décevants.

Prends donc la responsabilité de ton état d'esprit, canalise ton énergie vers ce qui compte réellement et mets en œuvre des actions pertinentes. Les résultats suivront.

PARTIE IV – CONSTRUIRE LE SOCLE PERSONNEL

Les principes et valeurs qui structurent ta meilleure version

Sois discipliné et constant

S'il y a deux ingrédients indispensables dans la formule du succès, ce sont bien la discipline et la constance. L'une sans l'autre reste incomplète.

Les caractéristiques d'une personne disciplinée

- **La maîtrise de soi**

  Une personne disciplinée prend la responsabilité de sa vie. Elle canalise ses émotions, qu'elles soient positives ou négatives, et évite qu'elles interfèrent avec ses objectifs. Autrement dit, elle reste maîtresse d'elle-même face aux fluctuations émotionnelles.

- **La concentration**

  Elle travaille avec une attention pleine et entière. Pendant ses périodes de travail, elle ne se laisse pas distraire par des facteurs externes — amis, météo agréable, réseaux sociaux, téléphone, télévision ou plateformes de streaming. Elle est déterminée à rester alignée avec son objectif.

Bien sûr, des pauses sont nécessaires : le corps n'est pas une machine inépuisable. Mais la concentration est essentielle pour produire des résultats de qualité. Interrompre son travail toutes les quelques minutes pour consulter son téléphone ou répondre à des sollicitations non urgentes fait chuter l'efficacité et oblige souvent à recommencer pour retrouver son élan.

La personne disciplinée le sait. Elle donne le meilleur d'elle-même pendant le temps de travail et s'accorde ensuite des moments de repos clairement définis.

- **Orientée solutions**

  Elle ne travaille pas au hasard. Elle sait précisément ce qu'elle doit faire pour avancer. La planification est pour elle un outil central.

  Certaines personnes vont jusqu'à découper leurs objectifs en tranches horaires, considérées comme des sous-tâches d'une mission quotidienne. Pour cela, elles utilisent aussi bien des outils simples — carnet, listes — que des outils numériques comme des applications de productivité ou des agendas électroniques.

  Planifier, suivre et accomplir ses tâches agit comme un puissant moteur de motivation : constater ses progrès encourage à poursuivre avec davantage de détermination.

- **Sans excuses**

  Les excuses n'ont pas leur place. Animée par un état d'esprit d'abondance, elle assume pleinement ses responsabilités et se montre clairement orientée vers les solutions.

Comment développer la discipline

Voici le conseil le plus important : définis un *pourquoi* fort et inspirant. C'est le socle d'une discipline durable.

Si tu ne sais pas pourquoi tu fais ce que tu fais, tu abandonneras à la première difficulté. Il te faut une raison profonde, une vision qui donne du sens à tes efforts.

Toutes les motivations sont légitimes, mais je te conseille de ne pas les lier uniquement à l'argent — par exemple : « gagner X euros par mois dans X années ». Certains souhaitent investir pour soutenir leur famille, d'autres pour disposer de plus de temps à consacrer au bénévolat, d'autres encore pour atteindre une liberté financière synonyme d'autonomie. Je reviendrai sur ce point dans le chapitre **« Mindset et argent »**.

La motivation donne l'élan initial, mais elle dépend souvent de facteurs externes — reconnaissance, résultats, argent. Lorsqu'elle s'essouffle, l'abandon guette.
À l'inverse, l'inspiration agit de l'intérieur. Elle rend l'effort soutenable sur le long terme et augmente considérablement les chances de réussite.

« La discipline est le pont entre les objectifs et leur réalisation. »
— *Jim Rohn*

La constance : l'autre pilier fondamental

Les caractéristiques d'une personne constante

- **Elle reste sur la trajectoire définie**

La personne constante suit ses propres lignes directrices. Le changement fait partie de son parcours, mais elle sait s'adapter sans renier ses valeurs ni son identité. Cette cohérence permet d'obtenir des résultats durables et de bâtir une crédibilité solide.

- **Elle travaille avec régularité et persévérance**

Être motivé un jour puis abandonner le lendemain ne mène à rien. Les résultats concrets sont le fruit d'un engagement dans la durée.

En avançant sans précipitation mais sans interruption, les progrès finissent toujours par apparaître — parfois lentement, mais de façon significative.

Comprendre la constance grâce à un exemple simple

Prenons une discipline sportive, comme le fitness. Si tu souhaites tonifier ton corps, tu dois t'entraîner régulièrement, en salle ou à domicile.

Même avec un équipement parfait, si tes entraînements sont irréguliers, les résultats tarderont à venir. Et si l'entraînement n'est qu'une résolution de début d'année rapidement abandonnée, les bénéfices disparaîtront aussi vite qu'ils sont apparus.

Cet exemple illustre une règle simple : les bons outils et les bonnes méthodes doivent être appliqués dans la durée. C'est à cette condition que les résultats deviennent visibles — un corps plus fort, une meilleure santé.

Discipline + constance = excellence

Avoir des pensées positives et être motivé ne suffit pas si tu ne passes pas à l'action. Mais la manière dont tu agis compte tout autant.

En suivant ton plan avec discipline et constance, tu gagnes en efficacité, prends de meilleures décisions et obtiens des résultats supérieurs.

Comment renforcer ta constance

• La méthode Seinfeld

Munis-toi d'un calendrier ou d'un agenda et note-y les tâches récurrentes que tu souhaites accomplir (par exemple : une heure d'anglais par jour). Chaque jour accompli, coche la case. Ce geste simple agit comme un puissant levier de motivation : il t'aide à maintenir le cap et à rester constant, car il procure une satisfaction immédiate liée à l'accomplissement. Ce renforcement positif gagne en intensité à mesure que la chaîne s'allonge, en particulier si tu utilises une couleur bien visible, comme le rouge.

Essaie d'éviter de manquer cette tâche deux jours consécutifs. Si cela arrive, la chaîne est remise à zéro. Cette « pénalité » est particulièrement efficace, car tu n'auras aucune envie d'anéantir les efforts et la discipline déjà investis.

• Éviter l'excès

Avoir un *pourquoi* puissant est positif, mais attention à ne pas tomber dans l'obsession. Un rythme de travail trop intense, sans repos ni vie sociale, conduit à l'épuisement.

La motivation n'est pas constante. Si tu forces sans relâche, tu risques d'y perdre ta santé, ta créativité et ton plaisir. Fixe des horaires clairs, planifie des pauses et garde du temps pour toi.

Pour ma part, j'ai constaté une nette amélioration de mon bien-être lorsque j'ai fixé une heure limite pour clôturer ma journée de travail et que j'ai commencé à intégrer mes activités de détente dans mon système d'organisation, au même titre que mes tâches professionnelles.

Avance à ton propre rythme. Comme on le dit souvent : **sans se presser, mais sans s'arrêter**. Ce que tu n'as pas terminé aujourd'hui pourra être repris demain.

Le succès repose sur l'accumulation de petites victoires dans la durée — parfois imperceptibles individuellement, mais décisives lorsqu'on les additionne.

Améliore tes habitudes matinales

As-tu déjà entendu parler des chronotypes ? Ils désignent la tendance naturelle d'un individu à présenter des niveaux d'énergie variables au cours de la journée, et donc à être plus ou moins performant selon le moment.

Tu connais sans doute des personnes très actives dès le matin, efficaces tout au long de la journée mais rapidement fatiguées le soir, ainsi que d'autres pour qui se lever tôt relève du supplice, alors qu'elles restent parfaitement alertes tard dans la nuit.

On distingue généralement les chronotypes matinaux, appelés *alouettes*, et les chronotypes vespéraux, souvent surnommés *hiboux*. Il existe également un profil intermédiaire, situé entre ces deux extrêmes.

Quel est le lien avec le développement personnel ?

La première étape consiste à identifier ton chronotype, puis à organiser tes tâches les plus importantes pendant tes pics d'énergie afin d'optimiser ton efficacité. Écouter ton corps est essentiel.

Cela dit, même si tu as un chronotype plutôt vespéral et si ta situation personnelle le permet (par exemple, si tu n'as pas de nourrisson à charge ou si tu ne travailles pas de nuit), je t'encourage à expérimenter un lever plus matinal, ne serait-ce que temporairement, afin d'en observer les bénéfices potentiels.

Se lever plus tôt peut favoriser la clarté mentale, l'organisation et la productivité. Et, comme le dit l'adage, l'avenir sourit à ceux qui se lèvent tôt.

Pourquoi se lever plus tôt peut être bénéfique

- **Un niveau d'énergie plus stable**

  Si tu es plutôt du type *hibou*, tu doutes peut-être de pouvoir être efficace tôt le matin. Pourtant, pratiquer une activité physique légère au réveil peut générer un regain d'énergie et favoriser une meilleure clarté mentale.

- **Une meilleure organisation**

  Commencer la journée plus tôt te permet de planifier calmement tes tâches et tes objectifs quotidiens, ce qui augmente considérablement tes chances de les mener à bien. À l'inverse, se lever à la dernière minute crée souvent une entrée en matière chaotique.

- **Une productivité accrue**

  Le matin tôt offre un environnement propice à la concentration. Les distractions sont rares, car une grande partie de ton entourage dort encore. Plus tard dans la journée, e-mails, appels et notifications fragmentent ton attention. En te levant plus tôt, tu as déjà avancé sur l'essentiel.

Se lever tôt implique aussi d'apprendre à mieux gérer son sommeil. Le corps sécrète la mélatonine, l'hormone du sommeil, lorsque la luminosité diminue. Une exposition prolongée à la lumière artificielle, notamment à la lumière bleue des écrans, perturbe ce processus et complique l'endormissement.

Or, le manque de sommeil est l'un des principaux freins à la performance et à l'épanouissement. Apprends à connaître tes besoins en repos et veille à dormir suffisamment : pour certains, six heures suffisent ; pour d'autres, huit... voire davantage.

Associe le lever matinal à des habitudes positives

Si tu combines ce nouveau rythme avec **une ou deux** autres pratiques bénéfiques, les effets sur ton bien-être peuvent déjà être significatifs.

Voici quelques habitudes que je t'invite à expérimenter **sans chercher à tout cumuler**, à ton propre rythme, afin d'identifier celles qui t'apportent une réelle valeur — et d'écarter sans culpabilité celles qui ne te correspondent pas.

♦ **La méditation**

Nous l'avons déjà évoquée. Quelques minutes de calme et de respiration consciente permettent de se recentrer et de créer un espace mental propice aux idées nouvelles.

♦ **La visualisation**

Cette pratique consiste à te projeter mentalement dans la réalité que tu souhaites construire, afin de renforcer ta motivation et ta direction.

♦ **Les affirmations**

Il s'agit de formuler des messages positifs et motivants que tu peux écrire ou répéter à voix haute, pour encourager un état d'esprit constructif.

- **L'exercice physique**

  L'activité physique matinale stimule la circulation sanguine et l'oxygénation du cerveau, ce qui favorise l'énergie et la concentration.

- **La lecture**

  Lire enrichit le vocabulaire, améliore la capacité de concentration et nourrit la réflexion. Beaucoup de personnes qui réussissent partagent un goût prononcé pour la lecture et l'apprentissage.

- **L'écriture**

  Note tes objectifs, tes idées, ou les réflexions apparues après un moment de calme. L'écriture permet de clarifier la pensée et d'ancrer les intentions.

- **La gratitude**

  Prendre quelques minutes pour reconnaître ce que tu apprécies dans ta vie favorise un état d'esprit positif. Cela peut se faire le matin ou la veille au soir, par exemple en formulant mentalement ou par écrit quelques pensées simples.

Reconnecte-toi au moment présent

As-tu déjà pratiqué la méditation ? Beaucoup de personnes pensent qu'elle est réservée aux yogis, aux personnes spirituelles ou à celles qui pratiquent le yoga. En réalité, ce n'est pas le cas.

L'être humain est composé de plusieurs dimensions : physique, mentale, émotionnelle et intérieure. La méditation agit positivement sur chacune d'elles. Elle aide à mieux gérer les émotions, à clarifier les pensées, à améliorer la respiration — ce qui favorise une meilleure santé — et à renforcer la concentration. En nous ancrant dans l'instant présent, elle contribue également à un état d'esprit plus apaisé et plus équilibré.

Autrement dit, la méditation n'est pas réservée à un cercle restreint de personnes. Elle est accessible à tous ceux qui souhaitent progresser et mieux se connaître — à des personnes comme toi.

La méditation est une pratique simple. Elle ne nécessite rien de plus qu'un endroit calme où tu peux t'installer confortablement. Si tu peux diffuser une musique douce pour faciliter la détente, c'est un plus, mais ce n'est pas indispensable.

Je te propose trois formes de méditation afin que tu puisses choisir celle avec laquelle tu te sens le plus à l'aise.

---

1. Méditation simple

Ferme les yeux, adopte une position confortable — comme celle que je te suggérais dans l'exercice de visualisation du neuvième commandement — et commence simplement à porter ton attention sur ta respiration.

Inspire lentement et profondément par le nez, sans forcer. Puis expire doucement par la bouche, en prolongeant légèrement l'expiration par rapport à l'inspiration. Répète ce cycle pendant toute la durée de l'exercice.

---

2. Respiration abdominale

Dans cette forme de méditation, nous modifions la manière de respirer.

Lorsque tu inspires par le nez, fais descendre l'air jusqu'à l'abdomen. Tu sentiras ton ventre se gonfler. À l'expiration, le ventre se rétracte tandis que tu expulses l'air le plus complètement possible.

Ce processus sollicite le diaphragme — on parle aussi de respiration diaphragmatique — et améliore l'oxygénation du sang. Une meilleure oxygénation favorise naturellement un regain d'énergie et un apaisement général.

> Une autre manière d'améliorer l'oxygénation du sang consiste à aérer régulièrement la pièce dans laquelle tu te trouves, même lorsqu'il fait froid. Un apport d'air frais favorise la vigilance et procure une sensation de vitalité accrue.

---

3. Respiration carrée (ou respiration en quatre temps)

Cette technique est plus structurée, mais particulièrement efficace pour développer la concentration. Elle se déroule en quatre étapes :

1. Inspire profondément par le nez en comptant jusqu'à quatre
2. Retiens ton souffle en comptant jusqu'à quatre
3. Expire lentement en comptant jusqu'à quatre
4. Retiens à nouveau ton souffle en comptant jusqu'à quatre

Puis répète ce cycle pendant toute la durée de l'exercice.

Le fait de compter aide à rester pleinement attentif à la respiration et à l'instant présent. Tu peux d'ailleurs utiliser le comptage avec les autres techniques si cela t'aide à maintenir ton attention.

Il est tout à fait normal que ton esprit cherche à te distraire pendant la méditation. Des pensées liées au passé ou au futur peuvent surgir : tâches à accomplir, souvenirs, préoccupations... Ton mental peut aussi attirer ton attention sur des sensations physiques ou des bruits extérieurs.

Ne lutte pas contre ces distractions. Accueille-les simplement, puis ramène doucement ton attention à ta respiration, sans jugement.

Je te recommande de pratiquer la méditation au moins dix minutes le matin, idéalement dans le cadre de ta routine matinale, et, si possible, quelques minutes également avant de te coucher.

Les bienfaits de la méditation

La pratique régulière de la méditation permet notamment de :

1. Mieux respirer
2. Réduire le stress et les pensées négatives
3. Renforcer la présence à l'instant présent
4. Apaiser le mental
5. Mieux se comprendre et prendre du recul sur ses schémas de pensée

---

En conclusion

La méditation est un exercice simple, mais profondément efficace lorsqu'il est pratiqué avec régularité. Essaie-la, sans attente particulière, et observe progressivement les effets sur ta relation à toi-même.

Le pouvoir de la visualisation

Comme nous l'avons déjà évoqué, définir clairement tes objectifs est indispensable pour avancer avec assurance sur le chemin du développement personnel. Pour t'aider à les atteindre, tu disposes d'un outil particulièrement efficace : la visualisation.

Les exercices de visualisation permettent de transformer une intention abstraite en un projet concret. Pourquoi ? Parce que, pour qu'un objectif puisse se réaliser, il doit d'abord être perçu comme atteignable et clairement représenté dans ton esprit. Autrement dit, il doit devenir familier.

Te projeter dans ce futur désiré et lui donner une forme mentale précise t'aide à renforcer ta motivation et à orienter tes actions dans la bonne direction. C'est pourquoi je te recommande de pratiquer des exercices de visualisation chaque fois que tu as besoin de renforcer ton engagement.

Je te propose deux approches complémentaires : la visualisation mentale et la visualisation physique. Choisis celle qui te convient le mieux.

La visualisation mentale

1. Prépare une musique inspirante, qui t'apporte une énergie positive ou favorise un état émotionnel agréable. Le style importe peu, tant que l'effet est motivant pour toi.

2. Installe-toi dans un environnement calme, à l'abri du bruit et des distractions.

3. Assieds-toi ou allonge-toi dans une position confortable, lance la musique et ferme les yeux.

4. Commence à construire mentalement une situation idéale. Imagine la vie que tu mèneras une fois tes objectifs atteints : où tu te trouveras, avec qui, et ce que tu feras.

5. Rends cette scène aussi précise que possible en mobilisant tes cinq sens : ce que tu vois, entends, touches, sens et goûtes. Plus la représentation est détaillée, plus elle devient significative.

6. Prends le temps de t'immerger pleinement dans cette expérience, sans te presser.

7. Lorsque tu ouvres les yeux, note ton ressenti et identifie quelques actions concrètes que tu peux entreprendre, étape par étape, pour te rapprocher de cette vision.

La visualisation physique : le tableau de vision

La seconde approche repose sur une visualisation tangible, à travers ce que l'on appelle un *tableau de vision* (ou *vision board*).

Choisis un support — tableau en liège, tableau blanc ou magnétique — et place-le dans un endroit que tu vois régulièrement, comme ta chambre ou ton bureau. Ajoute-y des images, des mots ou des phrases qui représentent la réalité à laquelle tu aspires.

Par exemple, si ton objectif est de vivre en Californie et de travailler dans le secteur technologique, tu peux afficher des images de lieux emblématiques de la Silicon Valley, des paysages qui t'inspirent, ou encore des figures qui incarnent ce type de réussite, accompagnées de citations ou de tes propres affirmations.

Consacrer quelques minutes par jour à observer ce tableau aide ton esprit à intégrer cette vision comme une possibilité concrète. Cela renforce ta motivation et facilite le passage à l'action.

Utilise la puissance de ton esprit

L'esprit humain est particulièrement puissant. Le cerveau ne distingue pas toujours clairement le réel de l'imaginaire. Par exemple, lorsqu'une situation future est perçue comme menaçante — un examen, un entretien, un défi important —, le cerveau active des réactions de stress comme si le danger était immédiat.

Apprendre à orienter consciemment tes pensées te permet d'utiliser ce mécanisme à ton avantage.

En nourrissant régulièrement ton esprit de visions positives et structurées, tu l'aides à s'aligner progressivement avec la direction que tu souhaites donner à ta vie. Tes actions deviennent alors plus cohérentes avec tes objectifs.

En résumé

Imagine ton futur idéal, définis les étapes nécessaires pour t'en rapprocher et avance avec constance. La visualisation n'est pas une fin en soi : elle est un levier pour clarifier ta direction et soutenir l'action.

« Si tes rêves ne te font pas peur, c'est que tu rêves trop petit. »

— *Martín Jiménez*

Le pouvoir des affirmations

Les affirmations sont des outils puissants pour favoriser la croissance personnelle, à condition de les utiliser correctement. Les mots que tu emploies, qu'ils soient prononcés à voix haute ou formulés intérieurement, ont un impact réel : ils peuvent te soutenir… ou te freiner.

Les affirmations peuvent être exprimées verbalement, mais elles prennent aussi la forme de cette voix intérieure qui t'accompagne en permanence. Prenons l'exemple d'une personne fictive appelée François, qui ne se distingue pas particulièrement comme joueur de football. Si François se répète continuellement qu'il est nul dans ce sport, il y a de fortes chances qu'il n'exploite jamais son potentiel et qu'il finisse par abandonner.

Il est important de comprendre que cette voix intérieure est le produit de ton mental conditionné — et que tu n'es pas ce mental. Il s'est construit au fil du temps à partir des messages reçus de ton environnement : famille, amis, collègues, société, réseaux sociaux ou médias.

C'est d'ailleurs l'une des raisons pour lesquelles certaines personnes recherchent en permanence une validation extérieure, notamment sur les réseaux sociaux, en quête de likes ou de reconnaissance. Pourtant, une estime de soi solide ne dépend pas du regard des autres, mais de la relation que tu entretiens avec toi-même.

S'accepter tel que l'on est, apprendre à se connaître et chercher à s'améliorer — comme tu le fais en lisant ce livre — constitue une base essentielle. Des pratiques comme la méditation sont d'ailleurs précieuses à cet égard, car elles permettent de prendre du recul par rapport à cette voix intérieure lorsqu'elle devient décourageante.

Revenons à notre exemple. Supposons que François finisse par être convaincu, sous l'influence de son entourage, qu'il est incompétent au football. Il est alors probable qu'il évite ce sport pour ne pas se confronter à l'échec. Métaphoriquement, il érige un mur entre lui et cette discipline.

Mais François peut aussi prendre conscience de ce mécanisme et décider d'agir différemment. Il reconnaît qu'il peut progresser avec le temps et l'entraînement. Il commence alors à se répéter qu'il est capable de s'améliorer, tout en élaborant un plan d'action concret. En appliquant les principes de discipline et de constance, et avec l'aide d'un entraîneur, il identifie les points à travailler.

Car tout changement commence par une prise de conscience. Progressivement, les efforts s'accumulent, les progrès deviennent visibles et François constate que le mur qu'il croyait infranchissable ne l'était pas. En modifiant son discours intérieur et en agissant en cohérence avec ses affirmations, il obtient des résultats concrets.

Les affirmations positives jouent ainsi un rôle clé dans la construction de ton identité. Elles donnent de la crédibilité à cette version de toi-même que tu souhaites devenir — ton *alter ego* — que tu dois visualiser, incarner et renforcer par l'action jusqu'à ce qu'elle devienne naturelle.

Mon conseil est simple : adresse-toi des messages positifs et clairs lorsque tu manques de clarté, de confiance ou d'élan. Verbalise-les pour t'entendre toi-même. Leur impact peut être renforcé si tu les accompagnes de gestes dynamiques. Par exemple, si ton affirmation est « Je réussirai, coûte que coûte », accompagne-la d'un geste énergique qui symbolise ton engagement.

L'énergie que tu dégages est perceptible. Les autres la ressentent et se sentent naturellement plus à l'aise en ta présence.

N'oublie jamais que les affirmations, aussi puissantes soient-elles, doivent toujours s'accompagner d'actions concrètes pour produire des résultats durables — comme nous l'avons vu dans le chapitre **« Transforme tes pensées en résultats »**.

PARTIE V – HABITUDES D'EXCELLENCE

Quand les petites habitudes font les grandes différences

Fais de l'exercice

La pratique régulière d'une activité physique est, sans aucun doute, un élément clé pour atteindre ta meilleure version. Dans le chapitre consacré à la méditation, je t'expliquais que la respiration profonde peut améliorer ton niveau d'énergie. L'exercice physique va encore plus loin : il favorise une meilleure vitalité, une clarté mentale accrue et stimule la production d'endorphines, contribuant ainsi à une humeur plus positive.

Tu te demandes peut-être quel sport pratiquer. En réalité, l'essentiel n'est pas la discipline choisie, mais le fait de mettre ton corps en mouvement et de lutter contre la sédentarité. Celle-ci est aujourd'hui très répandue dans nos sociétés modernes et entraîne des conséquences néfastes sur la santé. Passer de longues heures assis est désormais reconnu comme particulièrement délétère pour l'organisme.

Même si nous n'avons plus besoin de chasser ou de cueillir pour nous nourrir — il suffit désormais d'aller au supermarché —, le corps humain reste fondamentalement conçu pour bouger. Pendant la majeure partie de l'histoire, l'homme devait se déplacer pour se protéger, survivre et subvenir à ses besoins. Le manque de mouvement conduit donc, à terme, à une dégradation progressive de nos capacités physiques.

Marcher constitue déjà une excellente forme d'exercice. Toute activité sollicitant le système cardiovasculaire — comme la course à pied — est également bénéfique. Le renforcement musculaire, pratiqué régulièrement et avec une intensité suffisante pour provoquer la transpiration, est lui aussi très recommandé. La transpiration participe à l'élimination de certaines substances et renforce la sensation de bien-être après l'effort.

Mon conseil pour une journée productive est d'intégrer l'exercice physique à ta routine, idéalement le matin, pendant au moins vingt minutes. Tu constateras rapidement que tu abordes la journée plus éveillé, plus dynamique, parfois même sans ressentir le besoin de café.

Une autre option consiste à pratiquer une activité physique en fin de journée. Cela permet de relâcher les tensions accumulées, de réduire le stress et, si l'effort est réalisé à une heure raisonnable, de favoriser un endormissement de meilleure qualité.

Une activité physique régulière améliore considérablement la santé globale. Elle te permet également de respecter plus facilement le commandement n°7 : **prendre soin de ton apparence**.

Un corps en bonne santé projette naturellement une image plus confiante — et souvent plus attractive.

Ne te contente pas de manger, nourris-toi

J'espère t'avoir sensibilisé à l'importance de l'activité physique pour ton bien-être. Celle-ci doit impérativement être accompagnée d'une alimentation de qualité. Le duo *exercice physique et alimentation* constitue l'un des piliers fondamentaux d'une santé durable.

Il est essentiel de distinguer *manger* de *se nourrir*. Se nourrir signifie apporter à ton corps les nutriments dont il a réellement besoin pour fonctionner correctement : vitamines, minéraux, eau, lipides de qualité, protéines, fibres et glucides.

À l'inverse, consommer principalement des aliments ultra-transformés peut certes calmer la faim, mais n'apporte pas les éléments nécessaires à un bon équilibre. Pire encore, ce type d'alimentation contient souvent des graisses de mauvaise qualité, des sucres raffinés, des additifs, des conservateurs ou des huiles transformées qui, sur le long terme, peuvent nuire à la santé et favoriser des troubles tels que le surpoids ou certaines maladies métaboliques.

Je te recommande d'adopter, lorsque c'est possible, une approche plus traditionnelle, en privilégiant les commerces de proximité, les marchés ou les producteurs locaux : agriculteurs, éleveurs, pêcheurs. Les aliments que tu y trouveras sont généralement peu transformés. Ce sont des produits bruts, riches en nutriments, qui t'apporteront l'énergie nécessaire pour affronter tes journées de manière plus efficace. Acheter directement au producteur, sans intermédiaires, est souvent synonyme de meilleure qualité.

Bien entendu, si tu vis en milieu urbain, il est probable que le supermarché constitue ton principal point d'approvisionnement. Cela complique parfois les choses, car il s'agit avant tout d'un espace commercial qui met en avant les produits les plus rentables. Les aliments ultra-transformés y sont omniprésents : savoureux, visuellement attractifs et rapides à préparer. Conçus pour stimuler l'appétit, ils encouragent une consommation répétée sans procurer une véritable sensation de satiété. Résultat : on mange davantage, et souvent moins bien.

Alors, comment reconnaître une alimentation de qualité et distinguer les produits transformés des aliments plus naturels ?

La première règle consiste à lire attentivement les étiquettes. La législation oblige les industriels à fournir des informations précises sur la composition des produits. Porte une attention particulière à la liste des ingrédients : plus elle est longue et complexe, plus le produit est susceptible d'être transformé.

La présence d'additifs, d'édulcorants, d'épaississants ou d'agents de conservation constitue souvent un signal d'alerte. Par exemple, certaines charcuteries contiennent une faible proportion de viande et une multitude d'additifs : ce ne sont généralement pas les options les plus saines.

Concernant les fruits et légumes, il est important d'avoir conscience que, lorsqu'ils sont mûrs, ils se détériorent généralement au bout de quelques jours et perdent alors leur aspect frais.

Mon conseil pour choisir des produits frais de qualité :

À éviter :

- ⃠ fruits et légumes fortement traités avec des produits chimiques
- ⃠ produits nettoyés avec des eaux insalubres

À privilégier :

- ✓ produits peu ou pas traités
- ✓ fruits et légumes de saison
- ✓ fruits et légumes locaux ou régionaux

En ce qui concerne les fruits conditionnés en sachets ou en bocaux en verre, certains producteurs utilisent des méthodes de conservation — notamment celles décrites par la FAO — afin de prolonger leur durée de vie de plusieurs mois tout en conservant une apparence de fraîcheur. Pour les identifier, lis attentivement l'étiquette : la présence de conservateurs comme le **sorbate de potassium** ou la **vanilline**, d'acidifiants comme l'**acide citrique**, ou de sucres ajoutés, constitue souvent un indicateur que ces produits ont été traités afin de prolonger leur conservation.

Une alimentation réelle, nutritive et de qualité t'apportera l'énergie nécessaire à une santé robuste et à des résultats durables. À l'inverse, l'alimentation industrielle procure une satisfaction immédiate, mais n'apporte ni les nutriments ni l'énergie indispensables à un état de forme optimal. Ainsi, si ta situation financière te le permet, privilégie l'achat et la préparation de produits de qualité, ou choisis des restaurants proposant une cuisine saine et haut de gamme. **Ta santé t'en remerciera.**

Écris chaque jour

Une autre habitude que je te recommande vivement d'adopter pour ton développement personnel est l'écriture quotidienne dans un carnet. Depuis 2019, j'ai toujours un carnet avec moi, où que j'aille. Chaque jour, j'y note les éléments suivants :

Mes objectifs du jour

Entre trois et cinq tâches maximum. Le niveau de détail doit être adapté au temps dont tu disposes, afin que ces tâches soient réellement réalisables dans la journée. Il n'est pas pertinent de se fixer des objectifs trop complexes ou trop chronophages lorsque le temps est limité : cela ne ferait que générer frustration et découragement.

Ma réussite du jour

Il ne s'agit pas nécessairement d'un accomplissement spectaculaire, mais d'un petit succès que tu peux célébrer : signer un nouveau client, trouver un vol à prix avantageux pour une destination qui te fait rêver, rencontrer une personne importante pour toi, constater une amélioration physique après une séance de sport intense…

Ne sous-estime jamais l'importance de célébrer tes victoires et de t'accorder des récompenses. Elles stimulent la libération de dopamine, l'hormone du plaisir, qui te donne l'élan nécessaire pour persévérer.

La gratitude du jour

La gratitude est une valeur essentielle, systématiquement présente chez les personnes épanouies et équilibrées. Il y a toujours une bonne raison de se sentir reconnaissant : avoir accès à l'eau potable, pouvoir compter sur un ami fidèle, recevoir un geste précieux de la part d'un proche, ou simplement remercier tes parents pour la vie qu'ils t'ont donnée.

Une personne reconnaissante ressent davantage de bien-être et de satisfaction intérieure — et développe naturellement un état d'esprit plus positif. L'ambition est nécessaire pour progresser, mais savoir apprécier ce que tu as et ceux qui t'entourent l'est tout autant.

Organisation hebdomadaire

Au début de chaque semaine, j'écris également quelques lignes afin d'avoir une vision plus globale de mes priorités :

- **À faire** : tâches quotidiennes non négociables. Exemples : étudier une langue, marcher, promener le chien…
- **Trois tâches clés** : celles que je souhaite absolument accomplir dans la semaine et que je planifie progressivement.
- **Trois démarches** : obligations incontournables, même si elles ne contribuent pas directement à ton développement personnel (déclaration d'impôts, rendez-vous chez le dentiste, souscription d'une assurance, etc.).

- **Objectifs hebdomadaires et trimestriels** : ils te donnent une vision d'ensemble de ce que tu veux atteindre. Tes actions quotidiennes doivent être des jalons qui t'en rapprochent.
- **Détente** : moments prévus pour déconnecter et recharger les batteries — une soirée, un pub, un festival, un voyage...

Je te conseille également de noter dans ce carnet toute idée qui te traverse l'esprit et que tu souhaiterais approfondir plus tard. Lors de la méditation, de moments de calme ou même en marchant, des pensées nouvelles surgissent souvent — des idées auxquelles tu n'aurais pas pensé en pleine activité.

Si tu n'as pas ton carnet sous la main, utilise une note vocale ou ton téléphone. L'essentiel est de ne jamais laisser une idée s'évaporer.

Tu te demandes peut-être pourquoi je te recommande d'écrire tout cela alors que tu sais déjà ce que tu veux accomplir, et que cela semble te prendre du temps. La raison est simple : les personnes qui écrivent leurs objectifs ont bien plus de chances de les atteindre que celles qui se contentent de les garder en tête.

Et un dernier détail — qui n'en est pas un : plus la qualité du carnet et du stylo est élevée, mieux c'est. Écrire sur une feuille volante avec un stylo quelconque n'a pas le même impact que consigner tes objectifs dans un beau carnet avec une plume ou un stylo de qualité. Tu prendras naturellement ce que tu écris beaucoup plus au sérieux.

Deviens un lecteur assidu

Depuis l'Antiquité, l'être humain transmet son savoir par l'écrit. Des manuscrits de l'Égypte ancienne à l'invention de l'imprimerie, les livres ont joué un rôle central dans la diffusion des connaissances et des idées.

Les livres constituent ainsi une source inestimable de savoir. Ils renferment l'expérience et la réflexion de penseurs, philosophes, stratèges et entrepreneurs qui partagent leurs apprentissages, leurs réussites comme leurs erreurs. La lecture permet d'acquérir de nouvelles idées, des méthodes concrètes et des perspectives utiles dans de nombreux domaines de la vie.

Les personnes les plus accomplies ont souvent en commun une curiosité intellectuelle soutenue et une véritable soif d'apprentissage. C'est notamment le cas de **Warren Buffett**, qui a indiqué consacrer une grande partie de ses journées à la lecture, ou encore de **Bill Gates**, connu pour lire plusieurs dizaines de livres chaque année. S'agit-il d'un hasard ? Probablement pas.

Ces personnes savent que cette habitude constitue un avantage réel. Elle permet d'améliorer la prise de décision, de mieux comprendre son environnement, d'analyser la concurrence, de découvrir de nouveaux concepts et d'élargir sa vision à long terme.

Dans son livre *Change Your Habits, Change Your Life*, **Tom Corley** présente les résultats d'une étude menée sur cinq ans auprès de personnes financièrement prospères, centrée sur leurs habitudes quotidiennes. L'un des enseignements les plus marquants est le suivant : 88 % des personnes interrogées déclaraient consacrer au moins trente minutes par jour à la lecture.

Une manière optimale de renforcer la lecture, et de ne pas lire de façon purement passive, consiste à **prendre des notes pendant que tu lis**. L'écriture améliore ta capacité de mémorisation et permet de synthétiser les informations que tu as assimilées, tout en faisant émerger de nouvelles idées. Grâce à ces notes personnelles, tu peux ensuite **passer à l'action** et mettre concrètement en pratique ce que tu as appris.

La conclusion est simple : la lecture mérite une place centrale dans ta vie. Elle te donne accès à des connaissances que tu ne possèdes pas encore et t'aide à développer ta réflexion, ta persévérance et ta compréhension des autres. Elle peut t'être utile pour mieux comprendre tes clients, améliorer tes relations, affiner ta communication, ou encore accompagner ton enfant dans son développement.

Choisis le format qui te convient le mieux : livre papier, livre numérique ou livre audio. L'essentiel n'est pas le support, mais la régularité et l'envie sincère d'apprendre.

N'arrête pas d'apprendre

Deviens un étudiant à vie. Voilà sans doute la meilleure manière de résumer ce chapitre. Mais rassure-toi, entrons maintenant dans le détail.

Il est possible que tu sois encore en train d'étudier. Ou au contraire que tu aies terminé ton parcours académique épuisé, au point que le simple mot *apprentissage* suscite chez toi une certaine lassitude. Pourtant, si tu veux évoluer et atteindre de nouveaux objectifs, tu devras continuer à acquérir de nouvelles compétences et rester ouvert à la formation tout au long de ta vie.

À notre époque, les technologies et les pratiques professionnelles évoluent à une vitesse fulgurante, et il est facile de se laisser dépasser. Si, par exemple, tu ambitionnes de devenir un programmeur performant mais que tu t'es formé il y a des années à des langages aujourd'hui peu utilisés, sans chercher à en apprendre de plus récents, tes perspectives professionnelles risquent de se réduire. De la même manière, si tu travailles dans la communication et que tu maîtrises parfaitement les médias traditionnels, mais que tu ignores le fonctionnement des plateformes numériques actuelles, ton activité — ou celle de tes clients — finira probablement par en pâtir.

La meilleure chose que tu puisses faire pour progresser efficacement est de t'inspirer de ceux qui ont déjà affronté les mêmes obstacles. Dans bien des cas, ce n'est pas seulement utile, mais indispensable.

Imaginons que tu veuilles développer une présence professionnelle sur Instagram. Tu crées un compte, mais tu ne sais pas par où commencer. Plutôt que d'avancer à l'aveugle, d'enchaîner les erreurs et de perdre du temps à comprendre seul les mécanismes de la plateforme, il est bien plus efficace de suivre une formation adaptée. Tu comprendras ainsi comment fonctionne l'algorithme, comment structurer ton contenu et comment développer une communauté de manière cohérente et durable.

Si cette formation est complétée par un accompagnement personnalisé, sous forme de mentorat ou de coaching, les résultats seront généralement encore meilleurs.

Coach ou mentor : quelle est la différence ?

Ces deux notions sont souvent confondues, alors qu'elles recouvrent des rôles distincts.

- **Le coach** est une personne qui t'accompagne en t'aidant à clarifier ta situation et à faire émerger, par toi-même, les solutions et les actions à mettre en œuvre.

- **Le mentor**, quant à lui, est un expert reconnu dans un domaine précis. Il possède une expérience solide, acquise sur plusieurs années, et une expertise concrète et vérifiable. Il continue généralement à se former et constitue une véritable référence dans son secteur.

Ni le coach ni le mentor ne détiennent de solution magique. Ils ont eux aussi commis des erreurs et traversé des échecs — parfois importants — mais ils en ont tiré des enseignements précieux. Apprendre de leur expérience et éviter certains pièges te permet de raccourcir considérablement ton chemin vers ton objectif. Choisis ton coach ou ton mentor avec discernement, en gardant à l'esprit que la valeur se mesure aux résultats et à l'expérience, pas aux promesses.

Trouver le bon mentor

Nous serons sans doute d'accord sur un point : si tu souhaitais devenir un joueur de tennis d'élite, être conseillé par **Rafael Nadal** serait un privilège exceptionnel. Il a consacré des années à l'entraînement, à la compétition et à l'excellence. Être guidé par une personne de ce niveau dans ton propre domaine te ferait progresser bien plus rapidement.

Alors, comment trouver ton coach ou ton mentor ?

Commence par identifier les figures de référence dans ton secteur, puis tente de les contacter en leur proposant une aide, une collaboration ou une contribution de valeur. Si tu sollicites plusieurs personnes, il est probable que l'une d'elles te réponde. Et si ce n'est pas le cas, ne te décourage pas : ces profils sont souvent très sollicités. C'est précisément pour cette raison qu'il est essentiel d'apporter quelque chose de concret afin de retenir leur attention.

En résumé

Un coach ou un mentor peut t'aider à emprunter le chemin le plus direct vers ton objectif, en t'apportant des conseils pratiques et une vision que tu aurais du mal à acquérir seul.

Écoute-les, applique leurs recommandations avec discernement, et tu progresseras dans la bonne direction.

« Si tu penses que l'éducation coûte cher, essaie l'ignorance. » — *Benjamin Franklin*

PARTIE VI – STRUCTURE, CLARTÉ ET RYTHME

Organiser ton temps, ton énergie et tes priorités

Concentre-toi sur tes objectifs

Ce chapitre complète naturellement celui consacré à la discipline et à la constance. Pour atteindre une version améliorée de toi-même, il est indispensable de travailler avec concentration et clarté d'esprit. Si tu fais partie des personnes qui se laissent facilement distraire, ton efficacité en pâtira inévitablement.

Aujourd'hui, les voleurs de temps sont nombreux, et le téléphone portable (ou *natel*, comme on dit en Suisse) figure parmi les principaux.

Si, pendant que j'écris ces lignes et que je cherche l'inspiration, je me laissais distraire par des conversations ou par des notifications, il me serait difficile de travailler efficacement. De la même manière, si tu acceptes systématiquement toutes les sollicitations et que tu repousses sans cesse tes priorités, tu auras du mal à avancer vers ce qui compte réellement pour toi.

Comme le résume très justement **Brian Tracy** :

« Si ce que tu fais ne te rapproche pas de tes objectifs, alors cela t'en éloigne. »

Autrement dit, si le temps que tu as réservé à tes objectifs est utilisé pour des tâches qui ne te font pas avancer, tu t'en éloigneras progressivement.

Prenons un exemple concret : si ton objectif hebdomadaire est d'organiser un webinaire, mais qu'au lieu de le préparer tu passes ton temps à publier des posts sur LinkedIn sans lien avec celui-ci, il y a de fortes chances que tu doives le repousser — voire l'annuler.

Bien entendu, il est essentiel de s'accorder des moments de détente, mais ceux-ci ne doivent pas devenir la norme si tu veux évoluer sur le plan personnel ou professionnel.

Le célèbre conférencier motivationnel **Tony Robbins** l'exprime avec une citation très percutante :

« Si tu ne grandis pas, tu déclines. »

Cette citation ne doit toutefois pas être prise au pied de la lettre : il ne s'agit pas de sombrer dans l'hyperproductivité au détriment de ton bien-être. Vois-la plutôt comme une incitation à respecter les échéances que tu t'es fixées, car dans un monde en perpétuelle évolution, ne pas progresser revient à prendre du retard et à s'éloigner de tes objectifs.

Mon conseil est donc simple : apprends à identifier, à tout moment, ce qui — ou qui — t'aide réellement à grandir (souviens-toi des différents types de *mindset*). En t'éloignant consciemment des distractions et de tout ce qui te détourne de ton chemin, tu avanceras avec plus de cohérence vers la meilleure version de toi-même.

Gère ton temps avec intelligence

Nous avons évoqué l'importance de définir tes objectifs, de travailler pour les atteindre, mais aussi de te récompenser et de t'accorder des pauses. Pour trouver un équilibre durable, il est essentiel de gérer ton temps de manière active — à tel point que la gestion du temps figure parmi les dix commandements du développement personnel.

Pour garder le contrôle, rien de plus efficace que de t'appuyer sur un carnet, comme je te l'expliquais dans le chapitre consacré à l'écriture. Il est important d'estimer le temps nécessaire pour chaque tâche prévue dans ta journée et de veiller à ce que l'ensemble reste cohérent avec le temps de travail que tu as décidé d'y consacrer.

Imaginons que tu disposes de huit heures dédiées à tes objectifs. Je te recommande de ne pas dépasser environ six heures à six heures trente de travail effectif, en intégrant une à deux heures de pauses réparties sur la journée. Ces pauses sont indispensables pour aérer l'esprit, maintenir la concentration et favoriser l'émergence de nouvelles idées.

Mon conseil est de faire une courte pause au moins toutes les heures. Si tu travailles sur écran, pense notamment à reposer tes yeux : regarde au loin, vers l'horizon, pendant une minute. Comme nous fixons souvent notre regard à courte distance, cet exercice simple permet de réduire la fatigue visuelle.

Au fil de la journée, tu peux allonger légèrement ces temps de pause. Il est également essentiel que l'une d'elles permette de mettre ton corps en mouvement, par exemple en marchant quelques minutes ou en faisant un peu d'exercice.

Prioriser efficacement ses tâches

Savoir gérer son temps implique aussi de prioriser les tâches les plus importantes. Pour cela, tu peux t'appuyer sur la matrice d'Eisenhower, popularisée par **Dwight D. Eisenhower** :

- **Tâches A** : importantes et urgentes.
  Ce sont celles à traiter en priorité. Elles sont généralement directement alignées avec tes objectifs à moyen et long terme.

- **Tâches B** : importantes mais non urgentes.
  Elles viennent ensuite et peuvent être planifiées à des moments plus opportuns.

- **Tâches C** : urgentes mais peu importantes.
  Idéalement, elles devraient être déléguées. Si ce n'est pas possible, limite-toi à en traiter une par jour.

- **Tâches D** : ni importantes ni urgentes.
  Il est alors légitime de se demander si elles méritent vraiment ton temps — et, lorsque c'est possible, de les éliminer.

Le principe de Pareto

Dans la gestion du temps, il est également utile de garder à l'esprit le principe de Pareto (80/20), formulé par l'économiste italien **Vilfredo Pareto**. Il a montré qu'environ 20 % des causes produisent 80 % des effets.

Ce principe s'applique à de nombreux domaines :
20 % des routes concentrent 80 % du trafic,

20 % de tes clients génèrent 80 % de tes revenus,

et 20 % de tes tâches produisent 80 % de tes résultats.

En identifiant ces tâches à fort impact et en les priorisant, tu progresseras déjà de manière significative.

Une approche complémentaire

Une autre option consiste à attribuer un nombre de points à chaque tâche, en fonction de son importance et du temps qu'elle est censée te demander.

Le total de points à répartir chaque jour reste toujours le même. Tu définis ensuite, à l'avance, un seuil minimum à atteindre.

Une fois ce seuil atteint, tu peux considérer ta journée comme réussie et te donner le droit d'être satisfait de ton engagement.

En résumé

Planifie tes journées avec rigueur, tout en t'accordant des pauses pour préserver ton énergie. La discipline et la persévérance sont essentielles, mais elles doivent s'accompagner de bienveillance envers toi-même. C'est cet équilibre qui te permettra d'avancer de manière durable.

Ne sois pas perfectionniste

Ce sujet pourrait, à lui seul, faire l'objet d'un long débat. Laisse-moi donc t'exposer mon point de vue.

Nous savons tous que certains des plus grands génies de l'humanité se sont distingués par une exigence extrême et une attention obsessionnelle portée aux détails. Qui ne perçoit pas la perfection dans le *David* ou la chapelle Sixtine, œuvres de **Michel-Ange**, et ne les admire pas ?

Suis-je pour autant en train de t'encourager à bâcler ton travail ou à négliger la qualité de ce que tu produis ? Absolument pas. Ce que je souhaite que tu comprennes, c'est qu'il vaut souvent mieux livrer un travail imparfait que de repousser indéfiniment une livraison sous prétexte qu'elle n'est pas encore « parfaite ».

Les exemples sont nombreux : publier un livre, concevoir une campagne marketing, créer un diaporama, développer une application logicielle...

Dans le domaine du développement logiciel, on utilise aujourd'hui des méthodologies dites *agiles* précisément pour livrer des versions fonctionnelles très tôt. Cela permet aux utilisateurs de tester un prototype, de formuler des retours et d'orienter ainsi l'équipe dans la bonne direction. Grâce à ces ajustements successifs, le produit évolue progressivement vers une meilleure adéquation avec les besoins réels.

À l'inverse, attendre d'avoir implémenté toutes les fonctionnalités avant de livrer une version finale comporte un risque important : les attentes du client peuvent avoir changé, et l'absence de validation intermédiaire peut conduire à un résultat déconnecté de la réalité du marché. Il est donc souvent plus judicieux de lancer rapidement un prototype et de l'améliorer pas à pas, plutôt que de viser un produit « parfait » qui sera finalement rejeté.

Il en va de même pour la publication d'un livre. Mieux vaut le proposer au public lorsqu'il atteint un niveau de qualité satisfaisant, afin de le confronter au marché, plutôt que d'attendre indéfiniment. Les retours des lecteurs — leurs avis, leurs critiques et leurs suggestions — te permettront ensuite d'améliorer l'ouvrage, de l'affiner et de mieux l'aligner avec leurs attentes. À l'inverse, publier après des mois ou des années supplémentaires de travail, sans retour extérieur, comporte le risque que tous ces efforts soient vains... ou que le livre soit accueilli de manière très critique.

Si tu as besoin de davantage de raisons, sois conscient des conséquences du perfectionnisme sur ta santé mentale : baisse de l'estime de soi, stress chronique et tendance à la procrastination — un comportement qui, loin de t'aider, te freine.

Applique ici aussi la règle de Pareto, souvent résumée par le principe 80/20 : environ 20 % de tes efforts produisent 80 % des résultats. Une fois que tu as identifié ce qui fonctionne réellement, tu peux alors investir davantage d'énergie dans les détails restants. L'objectif : élever ton travail vers l'excellence, sans tomber dans le piège du perfectionnisme paralysant.

LA PERFECTION
C'EST LA
STAGNATION

Accorde-toi des récompenses !

Le succès est la conséquence directe de tes actions, une fois que tu as adopté un état d'esprit d'abondance, que tu es devenu un apprenant permanent et que tu avances vers tes objectifs avec concentration, discipline et constance. Avant d'atteindre ton objectif final, tu franchiras de nombreuses étapes intermédiaires, et il est essentiel de reconnaître chaque progrès accompli en t'accordant des récompenses.

Les récompenses t'apportent ce surplus d'énergie qui te permet de poursuivre ton chemin vers ta meilleure version. Elles nourrissent ta motivation et te donnent l'élan nécessaire pour continuer, même lorsque les efforts deviennent exigeants. Le travail consomme de l'énergie et, comme un véhicule, nous avons besoin de faire le plein pour avancer durablement.

Nous avons tous un enfant intérieur, et il a besoin d'attention. En te récompensant, tu envoies à ton subconscient un message clair : ce que tu fais est bénéfique et mérite d'être reconnu. Sans ce renforcement positif, ton subconscient peut finir par associer l'effort à la contrainte plutôt qu'au plaisir. Cela peut freiner ton évolution et te saboter sans que tu t'en rendes compte.

Garde toujours à l'esprit que le chemin vers le succès n'est pas linéaire. Il demande des efforts, de la patience et parfois des sacrifices. C'est précisément pour cette raison qu'il est important de te féliciter lorsque tu avances dans la bonne direction — de la même manière que, enfants, nous apprenions par le biais de récompenses et de retours positifs.

Comment te récompenser ?

Il existe de nombreuses façons de le faire, mais garde à l'esprit que la récompense ne doit pas être un piège déguisé — comme des chips ou une boisson sucrée si ton objectif est de perdre du poids.

Ces récompenses n'ont pas besoin d'être extravagantes. Ce qui compte, c'est qu'elles aient du sens pour toi et qu'elles symbolisent clairement une étape franchie.

Plus l'objectif atteint a été exigeant, plus la récompense peut être significative. Voici quelques sources d'inspiration — sachant bien sûr que ce qui te procure un réel sentiment de satisfaction dépend de ta personnalité et de tes goûts : les possibilités sont infinies.

- **Pour un petit objectif**, tu peux par exemple t'offrir un bon café de spécialité en terrasse, une pâtisserie que tu apprécies, une soirée calme sans contraintes, une promenade dans un parc ou regarder un nouvel épisode de cette série que tu suis avec plaisir.

- **Pour un objectif intermédiaire**, célèbre ta réussite par une sortie au restaurant, une séance au spa ou aux thermes, un concert, une escapade le temps d'un week-end, ou encore l'achat d'un objet utile et durable que tu différais depuis longtemps (un bon livre, un vêtement de qualité, un accessoire pour le sport ou le travail).

- **Pour un objectif majeur**, permets-toi une récompense marquante, comme une retraite spirituelle, partir en randonnée sur l'exigeant Tour du Mont-Blanc ou réaliser le voyage dont tu rêves depuis longtemps. Peut-être dans un décor aussi paradisiaque que celui-ci ? 🌴

Il est possible que l'envie soit là, mais que ton budget ne te permette pas encore de t'offrir certaines récompenses. Si c'est ton cas, c'est justement le bon moment pour apprendre à gérer ton argent. Une méthode simple consiste à mettre de côté une partie de tes revenus mensuels — par exemple 10 %, mais à toi d'adapter — sur un compte ou une cagnotte dédiée aux loisirs et aux récompenses. Ainsi, lorsque tu auras atteint ton objectif, tu pourras en profiter pleinement, sans culpabilité et sans déséquilibrer tes finances.

Se récompenser permet de recharger les batteries et de libérer l'esprit. Et lorsque la récompense est significative, tu commences à ressentir ce que signifie vraiment la réussite.

Cela peut être ce voyage rêvé à Ibiza entre amis, à profiter de moments festifs dans une villa avec piscine et jacuzzi. Ou, à l'inverse, trouver la paix intérieure sur le chemin de Saint Jacques et y nouer des amitiés qui dureront toute une vie. Laisse libre cours à ton imagination.

En t'autorisant ce type de récompenses, tu commences à te percevoir comme une personne qui avance et qui réussit. Cette perception positive déclenche des mécanismes de plaisir et de motivation qui te donnent naturellement envie de continuer — dans le bon sens du terme.

PARTIE VII – RELATION AUX AUTRES ET AU MONDE

Communiquer, t'affirmer et rester aligné

Prends soin de ce que tu dis... et de ce que tu écoutes

Beaucoup de personnes ne sont pas pleinement conscientes de l'importance — et du poids — que peuvent avoir leurs paroles, ni de la manière dont elles se parlent à elles-mêmes.

La voix intérieure — cette petite voix dans notre tête — ainsi que nos pensées influencent directement nos émotions, nos actions et, par conséquent, nos résultats, comme nous l'avons vu dans le chapitre **« Transforme tes pensées en résultats »**.

Lorsque tu entretiens des pensées négatives et limitantes, parfois même de manière inconsciente, elles génèrent des émotions négatives qui conduisent à des résultats décevants. Prenons un exemple concret : tu es au chômage et tu recherches activement un emploi, mais sans succès apparent. Tu as passé plusieurs entretiens sans résultat concluant, ce qui t'amène progressivement à adopter une attitude pessimiste.

Cette attitude peut être renforcée par ton entourage, qui insiste sur le fait que « nous sommes en crise » et que trouver un emploi relève presque de l'utopie. Pourtant, tu pourrais être l'exception. Mais en te laissant envahir par ce pessimisme ambiant, tu finis par douter de toi-même, ce qui réduit considérablement tes chances de réussite.

À l'inverse, si tu fais preuve de ténacité et de persévérance, si tu prends de la distance par rapport à ces discours et que tu continues à avancer avec constance, tu finiras tôt ou tard par trouver l'emploi que tu recherches.

Notre entourage peut parfois nous freiner... mais nous pouvons aussi nous auto-saboter. Au fil du temps, nous construisons une image de nous-mêmes à partir de nos expériences passées et des paroles que les autres ont prononcées à notre sujet. Cette image agit souvent de manière inconsciente et peut interférer avec nos résultats. Elle peut nous paralyser et nous empêcher de passer à l'action.

Par exemple, si tu vis en ville et que tu n'as pas l'habitude de conduire, il est normal que tu manques de pratique au volant. Si ton entourage commence à douter de tes capacités de conducteur, il est possible que tu te laisses influencer, que tu perdes confiance et que tu évites progressivement de prendre la voiture. À terme, cette influence extérieure peut même engendrer une véritable appréhension de la conduite.

Sois donc particulièrement vigilant face à ces mécanismes. Travaille ton estime personnelle afin que ton subconscient t'envoie des messages constructifs. Prends de la distance avec les personnes aux attitudes défaitistes et fais-toi confiance.

La version confiante, optimiste et dynamique de toi-même — celle que tu cherches à devenir — est précisément celle qui te prédispose au succès.

Ce que tu dis aux autres compte aussi

Il est tout aussi important de prêter attention à la manière dont tu t'exprimes envers les autres. Tes paroles peuvent parfois produire un effet négatif, même si ce n'est absolument pas ton intention. De plus, un même message peut être interprété de façons très différentes selon la personne qui le reçoit.

Ce phénomène est particulièrement bien expliqué par le **modèle des quatre oreilles**, développé par **Friedemann Schulz von Thun**.

Selon ce modèle, chaque message comporte quatre dimensions :

- **le contenu factuel** (ce qui est dit objectivement),
- **l'appel** (ce que l'on attend de l'autre),
- **la relation** (ce que le message révèle de la relation entre l'émetteur et le récepteur),
- **l'expression de soi** (ce que l'émetteur dit de lui-même, consciemment ou non).

Ces quatre dimensions existent aussi bien du côté de la personne qui parle que de celle qui écoute.

Pour illustrer ce modèle, prenons la phrase suivante :

« Il reste du lait ? »

Dimension du message	**Ce que dit l'émetteur**	**Ce que comprend le récepteur**
Factuelle (objective)	Il souhaite simplement savoir s'il reste du lait.	Il comprend que l'émetteur se renseigne sur la présence de lait.
Appel (demande implicite)	Il formule un appel indirect pour que l'autre prépare un verre de lait.	Il comprend que l'émetteur lui demande de servir un verre de lait.
Relation	Il suggère implicitement que ce soit l'autre personne qui prépare le lait pour tous les deux.	Il perçoit un reproche implicite : « C'est toujours à moi de le faire. »
Expression de soi	Il exprime simplement son envie de boire du lait.	Il comprend que l'émetteur a envie de lait.

Tu peux maintenant mesurer à quel point les malentendus peuvent surgir facilement.

Lorsque les deux interlocuteurs communiquent en utilisant la même « oreille », la compréhension est beaucoup plus probable. En revanche, si l'émetteur s'exprime sur le plan factuel — par simple curiosité, pour savoir s'il reste du lait — et que le récepteur écoute avec l'oreille de l'appel — en ayant l'impression qu'on lui demande subtilement de préparer un verre de lait —, un décalage peut rapidement apparaître… et mener au conflit.

L'oreille dominante que chacun mobilise dépend fortement de la relation entre les personnes, mais aussi de leur personnalité. Certaines personnes sont plus directives et expriment volontiers leurs attentes ; d'autres sont plus factuelles, plus réservées ou plus sensibles à la dimension relationnelle.

Ce modèle concerne principalement la communication verbale, mais la communication **non verbale** — le langage corporel, le regard, l'intonation — joue elle aussi un rôle essentiel dans la manière dont un message est émis et reçu.

Garde cela à l'esprit lorsque tu communiques avec les autres. Une grande partie des conflits du quotidien pourrait être évitée si nous prenions le temps de comprendre **comment** les autres écoutent, et pas seulement **ce qu'ils disent**.

Sois authentique

Une caractéristique essentielle des personnes qui réussissent réside dans leur capacité à être vraies et authentiques avec les autres comme avec elles-mêmes. Leurs valeurs et limites ne sont pas négociables. Elles ne cherchent pas à plaire à tout prix en adoptant des attitudes ou des opinions qui ne leur correspondent pas. Elles choisissent la cohérence, même lorsque cela demande du courage, et préfèrent dire la vérité plutôt que d'emprunter la voie de la facilité.

Tu connais peut-être cette célèbre boutade de **Groucho Marx** :

« Voici mes principes. Et si ça ne vous plaît pas... j'en ai d'autres. »

C'est précisément ce type de posture que tu dois éviter. Les personnes qui t'apprécient réellement — et dont tu as intérêt à t'entourer — valoriseront ton authenticité, ta cohérence et le fait que tu n'endosses pas de masque, bien plus qu'une attitude complaisante visant uniquement à te faire accepter.

Prenons l'exemple des relations amoureuses. Que tu sois en couple ou à la recherche d'une relation, l'autre préférera toujours que tu te montres tel que tu es. Avec tes qualités comme avec tes imperfections. Être honnête sur des sujets essentiels — la fidélité, le type de relation que tu recherches, ton orientation sexuelle, tes convictions politiques ou religieuses — est fondamental. La vérité finit toujours par émerger, et ceux qui avancent masqués finissent tôt ou tard par être démasqués.

L'authenticité est tout aussi déterminante dans les relations professionnelles. Si un prestataire s'engage sur un coût et des délais, puis ne respecte pas ses engagements, la confiance se brise rapidement. Or, la confiance est un pilier de toute relation professionnelle durable, et elle repose avant tout sur la sincérité et la transparence.

Mais l'authenticité a parfois un prix, et il serait une erreur de l'idéaliser dans toutes les situations et tous les contextes. Elle demande du discernement, car une honnêteté brutale peut coûter une relation. Par exemple, critiquer ton responsable ou ton client sans filtre, ou expliquer à ton partenaire que ton ex t'apportait certaines choses qu'il ou elle ne t'apporte pas, peut être inutilement destructeur.

Je me souviens d'une anecdote vécue à l'école, lorsque j'étais enfant, qui illustre parfaitement ce propos. Un professeur m'avait demandé si, à mon avis, il enseignait mieux qu'un autre. J'avais répondu que non. Il en avait été blessé, et cela avait affecté notre relation. J'avais été authentique, mais sans discernement.

Authenticité oui, mais avec discernement. Faire de l'authenticité ton étendard est une garantie de reconnaissance et de respect à long terme. Le mensonge, à l'inverse, engendre la méfiance et le rejet, et isole progressivement ceux qui s'y adonnent. Nous vivons en société, et s'isoler réduit considérablement les opportunités de progression. Être authentique te rapproche de ta meilleure version — celle qui est reconnue pour la valeur qu'elle apporte aux autres et qui, en définitive, est étroitement liée à une réussite durable.

Apprends à dire non

Combien de personnes connais-tu qui cherchent en permanence à faire plaisir aux autres et n'osent jamais dire non ? Ne fais pas partie de ce groupe. Tu ne le réalises peut-être pas encore, mais savoir dire non est une compétence clé pour devenir la meilleure version de toi-même. Attention toutefois : il ne s'agit ni de refuser systématiquement ni d'adopter une posture rigide. Il s'agit avant tout de discernement. Sans cela, le risque est grand d'abîmer des relations importantes ou de blesser inutilement des personnes qui comptent pour toi.

Les personnes qui ont réellement évolué sur le plan personnel savent qu'il est impossible de satisfaire tout le monde. Elles sont authentiques, alignées avec leurs objectifs et capables d'identifier, selon les situations, quand dire oui... et quand dire non.

Voici quelques exemples concrets dans lesquels tu te reconnaîtras peut-être.

---

1) Dire non à ce qui nuit à ta santé

Tu as compris que ton bien-être repose sur une bonne condition physique, une alimentation équilibrée et une hygiène de vie cohérente. Cela implique nécessairement des choix — et donc des renoncements. Suivre un plan d'entraînement, adopter une nutrition saine, renoncer à l'alcool excessif, aux produits ultra-transformés, au sucre en excès ou à la procrastination sont autant de situations dans lesquelles tu devras apprendre à dire non.

Au supermarché, cette petite voix intérieure — le fameux « diable sur l'épaule » — tentera peut-être de te convaincre d'acheter une glace ou du chocolat industriel pauvre en cacao. Si tu choisis d'écouter la partie la plus lucide de toi-même, tu refuseras cette gratification immédiate, car tu sais qu'elle compromet ton objectif à long terme : une santé durable et une énergie stable.

2) Dire non aux distractions qui sabotent tes priorités

Tu travailles sur un projet personnel, ta semaine est planifiée et tu t'es promis une récompense le vendredi. En plein milieu de la semaine, un ami te propose une sortie improvisée, et tout le groupe s'enthousiasme. La tentation est forte.

Mais tu sais aussi que céder te laissera un sentiment de culpabilité le lendemain et t'éloignera de tes objectifs. Dire non, dans ce cas, ne te prive pas de plaisir : c'est faire preuve de discipline et de respect envers toi-même.

3) Dire non pour respecter tes engagements

Tu es invité à une fête le week-end, mais tu as prévu le lendemain une activité sportive matinale. Rester tard, mal dormir, puis annuler ensuite en prétextant une excuse serait incohérent — et peu authentique.

Dire non au bon moment, partir plus tôt ou décliner l'invitation, puis honorer ton engagement est une preuve de maturité personnelle, de cohérence et de respect de la parole donnée.

4) Dire non de manière assertive dans le cadre professionnel

Ton responsable te confie une tâche supplémentaire alors que tu es déjà surchargé. Accepter par peur de déplaire, sans disposer du temps nécessaire, ne rend service à personne. Mieux vaut expliquer calmement ta charge de travail et proposer une alternative réaliste que d'accepter un engagement que tu ne pourras pas tenir.

Un manager respectera bien davantage une communication honnête en amont qu'un retard, un travail bâclé ou une succession d'excuses.

Ce type de situation est d'ailleurs fréquent dans certains contextes culturels où dire non est perçu comme impoli. Dans des environnements professionnels internationaux, cette ambiguïté peut générer de nombreux malentendus. La clarté et l'honnêteté permettent d'éviter bien des conflits.

En conclusion

Dire non est souvent la décision la plus saine lorsqu'une demande entre en conflit avec tes objectifs ou menace tes engagements. Oui, certaines personnes pourront être déçues — il est impossible de plaire à tout le monde lorsque l'on est authentique. Mais celles qui comptent vraiment, et qui contribuent à ta croissance, te respecteront d'autant plus sur le long terme.

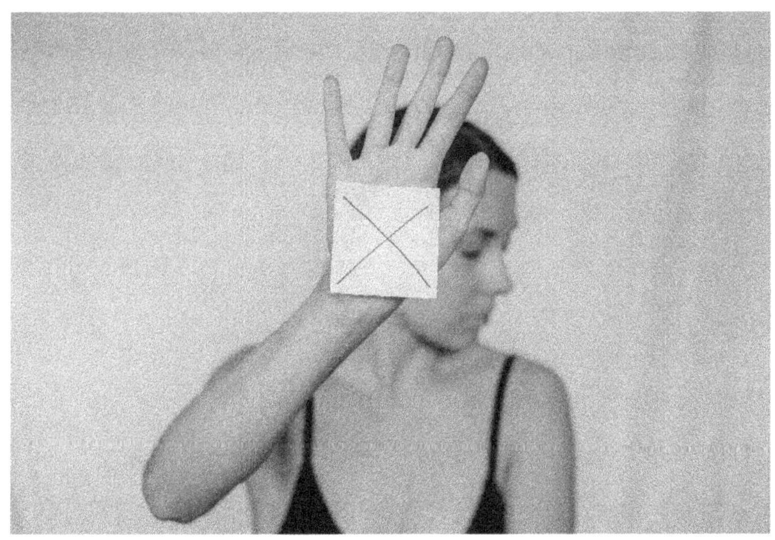

Dévore la vie à pleines dents

Si tu veux atteindre la meilleure version de toi-même, tu dois cultiver un haut niveau d'ambition. Autrement dit, tu dois nourrir cette faim intérieure, cette envie profonde d'avancer, de te dépasser et de prendre pleinement ta place dans la vie. Bref : dévorer la vie à pleines dents.

Plus tôt, je t'ai encouragé à sortir de ta zone de confort et à passer à l'action. Or, pour agir, il faut de l'ambition : celle de progresser, de s'améliorer continuellement et d'oser viser plus haut. Être ambitieux ne signifie pas être obsédé ni vivre avec l'impression que ce que l'on fait n'est jamais suffisant, mais plutôt sentir que l'on avance dans la direction désirée.

L'une des définitions du mot *ambition* est « un désir ardent, poursuivi avec intensité ». C'est exactement cela : vouloir quelque chose avec passion et détermination. Et puisque l'être humain est profondément émotionnel, un désir fort nous place dans les meilleures dispositions pour agir, persévérer et surmonter les obstacles.

Il est vrai que, pour certains, l'ambition a une connotation négative, souvent associée à la cupidité ou à l'obsession de l'argent. Mais cette vision repose davantage sur des préjugés que sur la réalité. Il est parfaitement légitime de ne pas te satisfaire de ta situation actuelle, de vouloir évoluer, de te libérer de ce qui ne fonctionne plus, de chercher des solutions et de te fixer des objectifs ambitieux.

Il est tout aussi respectable que d'autres choisissent une vie plus calme, restent dans leur zone de confort et n'aient pas de grands projets. Mais ta faim de progrès, ton envie d'aller plus loin, ne font pas de toi une personne égoïste, avide ou matérialiste. Elles font de toi une personne engagée dans sa propre évolution.

Ne perds jamais cette faim. Tant que ton ambition est vivante, tu avanceras avec énergie et détermination vers tes rêves. Le jour où elle s'éteint durablement, la stagnation peut s'installer. C'est cette ambition saine qui te permet de rester en mouvement et de poursuivre ton chemin de croissance personnelle, jour après jour.

PARTIE VIII – VISION LARGE ET RESPONSABILITÉ

Créer de la valeur dans un monde imparfait

Crise = opportunité

Les crises — qu'elles soient économiques, sentimentales, entrepreneuriales ou de toute autre nature — sont inhérentes à la condition humaine et inévitables. Tout au long de la vie, nous traversons une succession de hauts et de bas, et nous devons apprendre à les gérer avec discernement.

Les crises économiques sont cycliques : périodes de récession, puis de reprise et de croissance, avant une nouvelle contraction. L'histoire le montre sans ambiguïté. Peu de personnes échappent aux ruptures affectives ou aux conflits relationnels. Quant aux entrepreneurs expérimentés, aucun n'a bâti une activité pérenne sans traverser des moments critiques. Autrement dit, nous sommes irrémédiablement destinés à vivre plusieurs crises au cours de notre existence.

Le mot *crise* évoque naturellement quelque chose de négatif — et souvent à juste titre. Perte d'emploi, augmentation de la pauvreté, baisse de la qualité de vie, faillites d'entreprises… Les conséquences peuvent être lourdes. Pourtant, un phénomène revient systématiquement : certaines personnes, certaines entreprises et certaines fortunes sortent de ces périodes considérablement renforcées.

Ironique ? Pas vraiment.

Il faut regarder l'autre face de la médaille. Une crise comporte aussi des dimensions positives, même si elles ne sont pas immédiatement visibles.

On évoque souvent, en Occident, l'idée selon laquelle le mot chinois *crise* (wēijī, 危机) serait composé de deux caractères signifiant « danger » et « opportunité ».

Après examen, cette interprétation est discutée et ne fait pas consensus sur le plan linguistique. Elle relève davantage d'une lecture philosophique que d'une réalité étymologique. Mais sur le plan pratique, une chose est indéniable : une crise peut constituer un terrain particulièrement propice pour se renforcer. Non pas qu'il s'agisse d'idéaliser ou de minimiser ses conséquences, mais parce que chacun peut choisir la posture qu'il adopte face à cette situation.

En période de vaches maigres, la majorité ne voit que désolation et découragement. Quelques-uns, en revanche, ne perçoivent pas une porte fermée, mais entrouverte, et savent tirer parti des opportunités qu'offre un contexte dépressif.

Ce climat engendre une peur généralisée. Sur le plan économique, un ralentissement pousse de nombreux acteurs à vendre dans l'urgence, par crainte ou par besoin de liquidités — qu'il s'agisse de biens immobiliers, d'entreprises, d'actions ou de matières premières (or, argent, pétrole...).

Face à eux, il y a peu d'acheteurs. Mais ceux qui restent sont préparés. Ils disposent de liquidités, de sang-froid et d'une vision à long terme. Ils osent investir lorsque les prix sont déprimés, là où la majorité se retire. Avec le temps, ces actifs se revalorisent, générant des rendements souvent inaccessibles en période d'euphorie, lorsque tout est cher et que le pouvoir de négociation a disparu.

Le même mécanisme s'applique à l'entrepreneuriat. Une récession peut fragiliser une entreprise lorsque les clients réduisent leurs dépenses. Mais elle peut aussi contraindre à se réinventer. Les périodes difficiles affûtent l'ingéniosité, forcent à optimiser, à innover, à repenser les modèles économiques. De nombreuses innovations majeures sont nées dans des contextes de crise.

Changeons maintenant de registre. Lors d'une rupture affective, certaines personnes sombrent dans le désespoir sans envisager la possibilité d'une issue, tandis que d'autres — non pas immédiatement, mais après un temps de deuil et de souffrance, parfaitement humain — choisissent de se renforcer.

Une crise sentimentale est une épreuve exigeante. Elle peut marquer la fin d'une relation, et le chagrin d'amour est éprouvant pour chacun. On a parfois l'impression que le monde s'écroule, au point d'en perdre l'appétit. Mais rappelle-toi ceci : après la tempête vient le calme. Il arrive qu'une porte doive se fermer pour qu'une autre s'ouvre. Se retrouver célibataire te remet « sur le marché » et peut t'offrir l'opportunité de rencontrer une personne exceptionnelle que tu étais jusque-là incapable de percevoir.

Une personne qui affronte une crise avec détermination assume sa responsabilité et agit — non parce qu'elle serait nécessairement coupable, mais parce qu'elle analyse la situation, identifie ce qui est sous son contrôle, définit des actions avec les moyens dont elle dispose et passe à l'action.

Une personne qui affronte une crise avec détermination assume sa responsabilité et agit, mais pas parce qu'elle serait nécessairement coupable. Comment ? En analysant la situation, en identifiant ce qui est sous son contrôle, en définissant des actions avec les moyens dont elle dispose, puis en passant à l'action.

Je t'invite donc à changer ton regard sur ces moments. Si tu parviens à les traverser avec lucidité, tu en ressortiras plus fort, plus clairvoyant et plus résilient. Et chaque crise deviendra une étape supplémentaire sur le chemin qui mène à ta meilleure version.

Mindset et argent

La relation que tu entretiens avec l'argent — ce que l'on appelle en anglais le *money mindset* — est un élément central de ton développement personnel.

On entend souvent dire que la santé, l'argent et l'amour sont les trois piliers fondamentaux de la vie, et que la santé est le plus important. C'est vrai. Mais l'argent joue néanmoins un rôle déterminant, car il constitue un outil : celui qui te permet de choisir ton mode de vie, de gagner en liberté et, le cas échéant, d'aider les autres.

Souviens-toi de la loi de l'attraction. Je t'expliquais que tu attires ce sur quoi tu portes ton attention. Faut-il en conclure que penser à l'argent suffit à le faire apparaître ? Évidemment non. En réalité, une focalisation excessive sur l'argent, surtout lorsqu'elle est teintée d'angoisse ou d'obsession, produit souvent l'effet inverse.

Alors, pourquoi certaines personnes semblent-elles attirer l'argent avec fluidité, tandis que d'autres restent durablement bloquées ?

Pose-toi cette question avec honnêteté : peux-tu réellement créer de l'abondance financière si tu entretiens une relation négative avec l'argent ? Probablement pas. Si tu associes l'argent à la corruption, à l'égoïsme ou à l'immoralité, tu le rejettes inconsciemment. Ton éducation, ta culture, ton milieu social, tes croyances religieuses éventuelles et tes expériences personnelles ont façonné ta vision de l'argent — parfois à ton insu.

Tu as très certainement déjà entendu ce type de phrases :

« L'argent ne tombe pas du ciel. »

« Les riches sont égoïstes. »

« Les pauvres ont de vraies valeurs. »

« Il faut se contenter de ce que l'on a. »

Ces croyances sont profondément ancrées dans de nombreuses sociétés francophones. Celles qui tiennent ce type de discours ont grandi avec leurs propres circonstances. Comme l'a formulé le célèbre philosophe espagnol **José Ortega y Gasset** :

« Je suis moi et mes circonstances. »

Autrement dit, nos circonstances façonnent ce que nous sommes : la culture, la religion pratiquée, le milieu social d'appartenance, l'éducation reçue, l'environnement dans lequel nous évoluons…
Il n'y a donc rien de foncièrement malveillant chez ces personnes. Elles agissent simplement de manière cohérente avec ce qu'elles ont vécu et intégré.

Toutefois, si ton objectif est d'améliorer ta situation financière, ce sont précisément ces schémas que tu dois questionner. Non pas pour renier tes valeurs, mais pour ne plus laisser des idées héritées limiter tes possibilités.

L'argent, en lui-même, n'est ni bon ni mauvais. C'est un amplificateur. Il ne transforme pas fondamentalement les individus : il révèle et amplifie ce qu'ils sont déjà.

Prenons deux exemples concrets.

Sophie a grandi dans un milieu modeste. Elle a appris très tôt à gérer ses ressources avec prudence. Elle mène une vie équilibrée, sans chercher à impressionner qui que ce soit. Elle n'a pas de voiture, car elle vit en ville et n'en ressent pas le besoin. Elle évite le crédit de confort et privilégie l'épargne et l'investissement. Avec le temps, grâce à un travail rigoureux et à des décisions financières cohérentes, elle génère des revenus supplémentaires. Son niveau de vie s'améliore, mais son identité et ses valeurs restent inchangées. Son entourage perçoit à peine cette évolution.

Marie, en revanche, entretient depuis longtemps une relation conflictuelle avec l'argent. Elle nourrit du ressentiment envers son environnement, se compare constamment aux autres et cherche à combler ses frustrations par la consommation. Dès qu'elle en a la possibilité, elle contracte des crédits pour afficher un niveau de vie qu'elle ne peut pas réellement assumer. Lorsqu'elle gagne une somme importante à la loterie, son comportement ne change pas : l'argent alimente ses excès, ses dettes et son mal-être. En quelques années, elle se retrouve dans une situation encore plus fragile qu'auparavant.

La différence entre ces deux parcours est fondamentale. Toutes deux sont parties d'une situation modeste. L'argent n'a pas rendu Marie instable : il a amplifié des déséquilibres déjà présents. Sophie, au contraire, a utilisé l'argent comme un levier de liberté, sans en faire une source d'identité ou de reconnaissance sociale.

Avoir un mindset favorable à l'argent ne suffit pas à le faire affluer dans ta vie. C'est une condition nécessaire, mais en aucun cas suffisante. Sans compétences solides ni actions concrètes, rien ne se matérialise.

Adopte la mentalité de ceux qui entretiennent une relation saine avec l'argent. Ils ne le vénèrent pas et ne le diabolisent pas. Ils le considèrent comme un outil au service de leurs projets, de leur temps et de leurs valeurs.

Si tu te concentres sur la création de valeur, que tu travailles avec cohérence et que tu lèves progressivement tes blocages intérieurs, l'argent deviendra une conséquence naturelle de ton évolution — et non une obsession.

Contribue aux autres

Lorsque je parle de contribuer aux autres, je fais avant tout référence au fait de donner à ceux qui sont proches de toi comme à ceux qui sont plus éloignés, et qui traversent une période moins favorable. Aider procure un sentiment profond de satisfaction et constitue une source d'énergie puissante. Savoir que tu peux améliorer, même modestement, la vie de quelqu'un est profondément gratifiant.

Cette contribution doit toutefois rester désintéressée, sans attente de retour. Elle ne doit pas être motivée par la reconnaissance, la gratitude ou un bénéfice personnel. Que tu l'appelles l'univers, l'énergie, Dieu, Allah, Bouddha ou autrement, selon tes croyances, le principe reste le même : ce que tu donnes sincèrement finit toujours par revenir, sous une forme ou une autre.

Chacun peut contribuer, indépendamment de sa situation financière. Donner ne se limite pas à l'argent. Le temps, l'attention et la présence ont parfois une valeur bien plus grande. Rendre visite à une personne isolée, accompagner quelqu'un lors d'une promenade, aider à résoudre un problème concret ou offrir un geste simple mais sincère peut illuminer une journée entière.

À titre personnel, j'ai eu l'occasion de faire du bénévolat en animant des cours d'informatique de base destinés à des personnes âgées. Pour elles, apprendre à utiliser un ordinateur, envoyer un e-mail ou communiquer avec leurs proches avait une valeur immense — bien supérieure à un don financier ponctuel. À l'inverse, dans d'autres contextes, une aide monétaire est indispensable, notamment lors de catastrophes naturelles ou de situations d'urgence humanitaire.

Je te recommande, lorsque cela t'est possible, de consacrer environ 5 % de tes revenus à des dons effectués librement et sans contrepartie. Quelle que soit la somme, même modeste, elle a un impact réel. Et plus tes revenus augmentent, plus ta capacité à donner s'élargit. Cela peut d'ailleurs devenir une source de motivation supplémentaire pour développer de nouvelles opportunités, car cet argent peut servir à aider un proche, soulager une situation critique ou simplement permettre à quelqu'un de subvenir à ses besoins essentiels.

Lorsque tu te connectes à ton monde intérieur et que tu clarifies ton objectif de vie, tu réalises souvent qu'il est bien plus nourrissant de se battre pour quelqu'un — ou pour une cause — que de vivre uniquement dans une logique individuelle. Cela peut être pour tes parents, par reconnaissance pour ce qu'ils t'ont transmis ; pour ton enfant, que tu souhaites inspirer et accompagner ; pour des personnes touchées par une maladie que tu connais de près ; ou pour un ami fidèle traversant une période difficile et ayant besoin de ton soutien.

Contribuer aux autres nous rend plus complets et plus alignés. Plus nous servons, plus nous créons de valeur. Et plus nous créons de valeur, plus nous disposons de moyens pour continuer à donner. C'est un cercle vertueux, profondément humain, qui nourrit à la fois celui qui reçoit et celui qui donne.

PARTIE IX – PASSAGE À L'ACTE

Mettre en pratique, décider et avancer dès maintenant

Construis ton plan d'action personnel

Nous arrivons à la fin de ce livre. Il est donc temps de passer à l'action.

Lire, comprendre et réfléchir sont des étapes importantes. Mais sans mise en pratique, rien ne change durablement. Ce chapitre est une invitation à transformer ce que tu as appris en décisions concrètes.

Je te propose une série de questions auxquelles je t'invite à répondre par écrit. Prends un carnet dédié. Et rappelle-toi : ce qui est écrit ne s'oublie pas. Écrire avec un beau stylo ou une plume de qualité n'est pas un détail anodin : tu engages ton esprit avec plus de sérieux et d'intention.

Prends le temps. Sois honnête avec toi-même.

1. **Classe les personnes de ton entourage — ou celles que tu suis — selon leur type de mentalité :**

C'est que… (rareté)	***Et si… ?*** (sécurité)	***Je vais…*** (abondance)

(Tu peux noter des prénoms, des initiales ou simplement des profils.)

2. **Quels sont les trois défis que tu t'engages à relever pour sortir de ta zone de confort ?**

Exemples : goûter un aliment que tu as toujours rejeté, apprendre une langue qui te paraît impossible, changer radicalement de coiffure, voyager dans un pays à la culture et à la langue différentes...

3. **Quel est ton "pourquoi" ?**

   Qu'est-ce qui te donne l'élan de te lever chaque matin ?

4. **Quels sont les objectifs spécifiques et mesurables que tu te fixes ?**

   À un an :

Pour le prochain trimestre :

____

____

____

____

5. **À quelle nourriture, boisson ou habitude nuisible t'engages-tu à renoncer ?**

____

____

____

____

6. **Quelle sera désormais ta structure quotidienne ?**

   Ce plan doit être réaliste, durable dans le temps et compatible avec ton mode de vie.

   Heure de réveil : ____________________

   Temps quotidien consacré à ton objectif : ____________________

   Heure de fin de journée : ____________________

7. **Suivi de la constance**

Sur un calendrier, marque avec un feutre rouge indélébile chaque jour où tu as travaillé sur tes objectifs, ainsi que les jours consécutifs de progression
(tu peux aussi utiliser une application mobile).

Voir cette chaîne s'allonger procure un sentiment profond de fierté et d'accomplissement.

Si tu manques une journée, ce n'est pas grave tant que tu reprends le lendemain. En revanche, éviter deux jours consécutifs sans action est essentiel.
Exception : les jours de repos planifiés.

8. **Crée un modèle hebdomadaire dans ton carnet, par exemple :**

SEMAINE X (ex. : Semaine 45)

Du .... au ....

HABITUDES	*<petites habitudes quotidiennes à adopter>*
TÂCHES CLÉS	*<trois tâches importantes de la semaine>*
OBJECTIFS	Hebdomadaire :
	Trimestriel :
OBLIGATIONS INCONTOURNABLES	*<trois tâches nécessaires mais peu motivantes>*
RELAX	*<récompense(s) prévue(s) : sortie, dîner, week-end...>*

9. **Réflexion personnelle**

Utilises-tu ton temps de manière consciente, ou as-tu parfois le sentiment de le gaspiller avec des personnes ou des activités qui ne t'apportent rien ?

____

____

____

10. Gratitude

Note au moins trois choses pour lesquelles tu es reconnaissant(e) aujourd'hui.

____

____

____

____

11. Réussites

Note trois réussites de ta journée, même modestes.

____

____

____

____

12. Contribution

À qui as-tu illuminé la journée aujourd'hui, et comment ?

Bibliographie et ressources complémentaires

Développement personnel, discipline et habitudes

Nemechek, M.
The 4-Minute Mile Certainty.
No Meat Athlete. Article en ligne consacré aux croyances limitantes et à la performance humaine.
Disponible sur :
https://www.nomeatathlete.com/4-minute-mile-certainty/

LEADx.
The Important Difference Between Inspiration and Motivation.
Article en ligne portant sur la distinction entre inspiration et motivation dans le développement personnel et le leadership.
Disponible sur :
https://leadx.org/articles/important-difference-inspiration-motivation/

Forbes Espagne.
El método Seinfeld o cómo cambiar tus hábitos.
Article en ligne présentant la méthode Seinfeld appliquée à la création d'habitudes durables.
Disponible sur :
https://forbes.es/lifestyle/45477/el-metodo-seinfeld-o-como-cambiar-tus-habitos/

Blinkist Magazine.
Most CEOs Read 60 Books per Year.
Article en ligne sur les habitudes de lecture des dirigeants et leur impact sur la prise de décision et la vision stratégique.
Disponible sur :
https://www.blinkist.com/magazine/posts/most-ceos-read-60-books-per-year

---

Psychologie, santé et bien-être

Organisation des Nations Unies pour l'alimentation et l'agriculture (FAO).
Conservation des fruits et légumes par des technologies combinées.
Manuel de formation.
FAO, Rome.

Instituto Nacional del Cáncer (National Cancer Institute, États-Unis).
Définition de la respiration abdominale.
Ressource médicale en ligne expliquant le mécanisme et les bénéfices de la respiration abdominale (respiration diaphragmatique).
Disponible sur :
https://www.cancer.gov/espanol/publicaciones/diccionarios/diccionario-cancer/def/respiracion-abdominal

Psicología y Mente.
Le perfectionnisme et son impact sur la santé mentale.
Article en ligne analysant les effets psychologiques du perfectionnisme, notamment le stress, l'anxiété et la procrastination.
Disponible sur :
https://psicologiaymente.com/clinica/perfeccionismo-y-su-impacto-en-salud-mental

---

Culture, communication et relations humaines

Xixerone.
Comprendre l'Inde : pourquoi dire "non" est culturellement complexe.
Article en ligne abordant les différences culturelles dans la communication et l'expression du refus.
Disponible sur :
https://xixerone.com/entendiendo-la-india-los-indios-nunca-dicen-no.html

---

Ressource audiovisuelle

Conférence sur la discipline, la constance et le passage à l'action.
Vidéo en ligne diffusée sur YouTube.
Disponible sur la plateforme YouTube :
https://www.youtube.com/watch?v=i2uegEdmmtw

Ton cadeau à télécharger

Cher lecteur, chère lectrice,

Tu es arrivé à la fin du livre et, pour te remercier de ta lecture, nous avons le plaisir de t'offrir un **cadeau exclusif** : le livre numérique **« 20 habitudes qui changeront ta vie »**.

Cet ouvrage complète naturellement celui que tu viens de lire. Tu y découvriras des conseils concrets pour développer des habitudes positives et mieux gérer ton temps, ton énergie et ton organisation au quotidien.

☞ Télécharge gratuitement ton exemplaire ici :
https://pld-publishing.com/cadeau/

Ton avis compte

Si ce livre t'a été utile, nous t'en serions très reconnaissants si tu pouvais prendre **quelques minutes** pour laisser un avis sur Amazon. Les retours des lecteurs sont essentiels : ils nous permettent d'améliorer continuellement nos contenus et d'aider d'autres personnes à découvrir des ouvrages susceptibles de leur être utiles à leur tour.

Tu peux laisser ton avis sur la boutique Amazon correspondant à ton pays :

France : http://www.amazon.fr/ryp
Belgique : http://www.amazon.com.be/ryp
Canada : http://www.amazon.ca/ryp

Merci sincèrement pour ta confiance. Il est maintenant temps de passer à l'action. À toi de jouer.

Table des matières

www.ingramcontent.com/pod-product-compliance
Lightning Source LLC
La Vergne TN
LVHW010920110826
845149LV00013B/2435

* 9 7 8 3 9 4 9 7 6 2 4 4 4 *